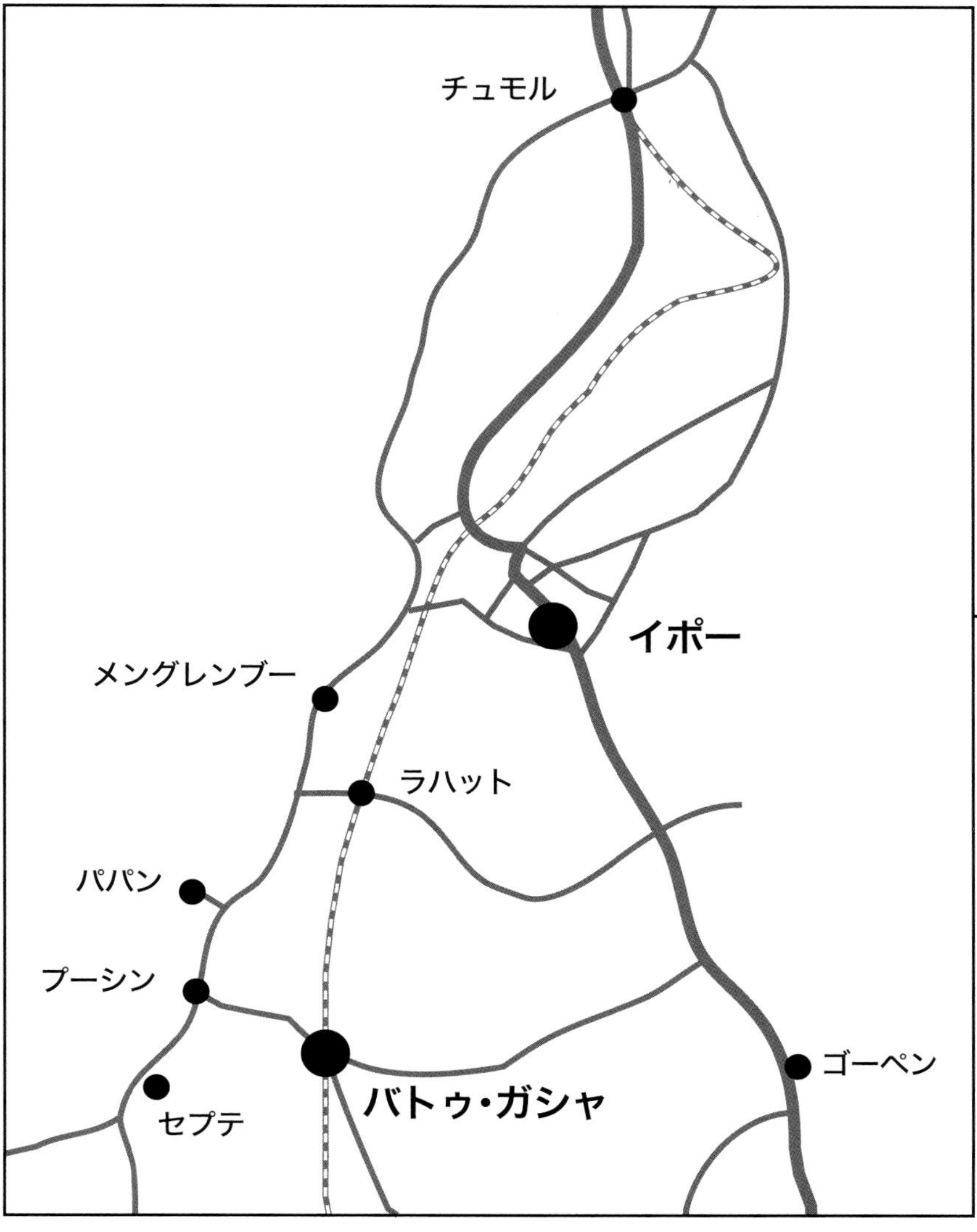

チュモル

イポー

メングレンブー

ラハット

パパン

プーシン

ゴーペン

バトゥ・ガシャ

セプテ

慈悲の心のかけらもない

あるユーラシア人女性の抗日

シビル・カティガス著
泉 康夫訳

高文研

左からオルガ、Dr.A.C.カティガス（ドクター）、ドーン、ウィリアム

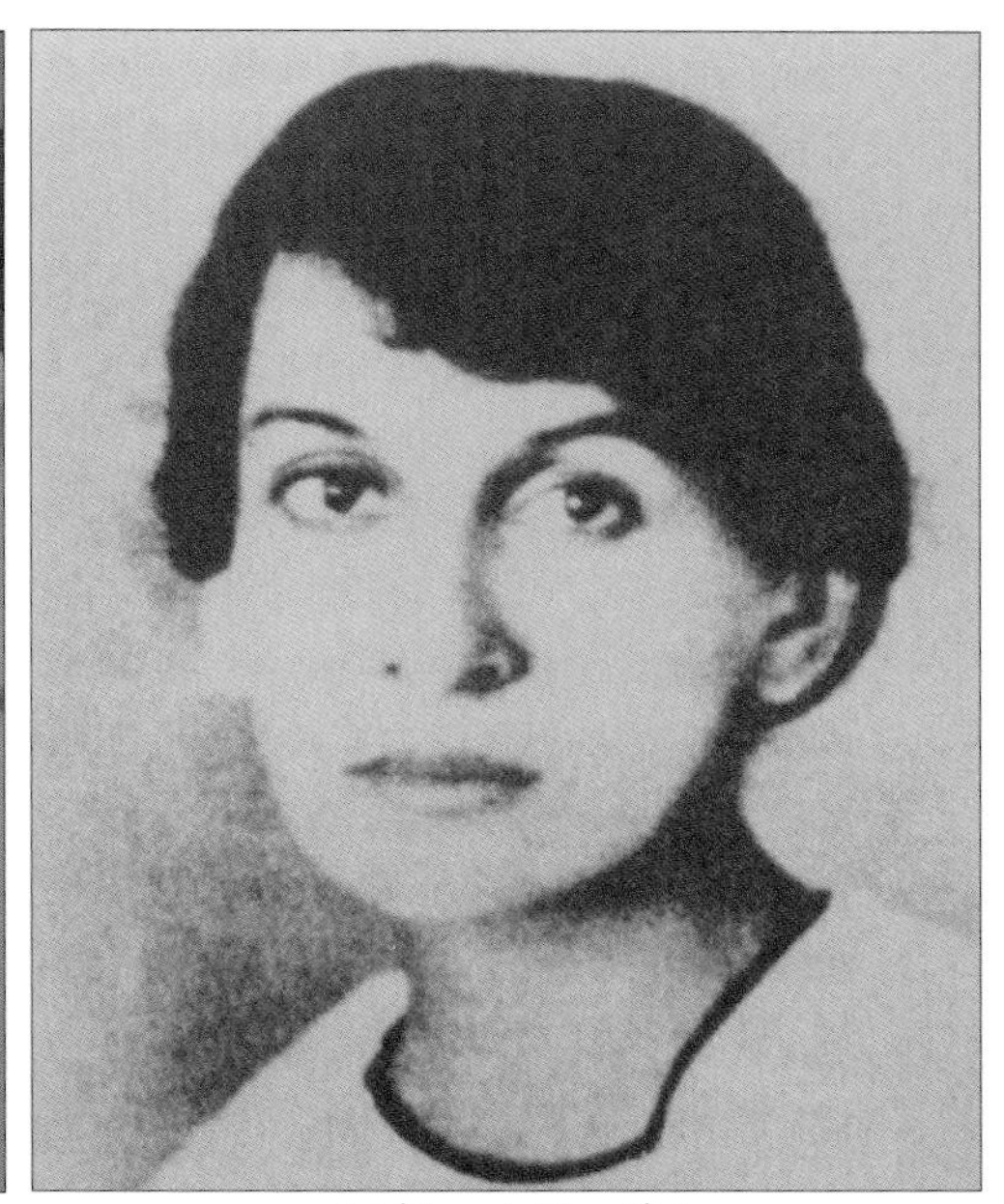
シビル・カティガス

チェン・イェン

モル

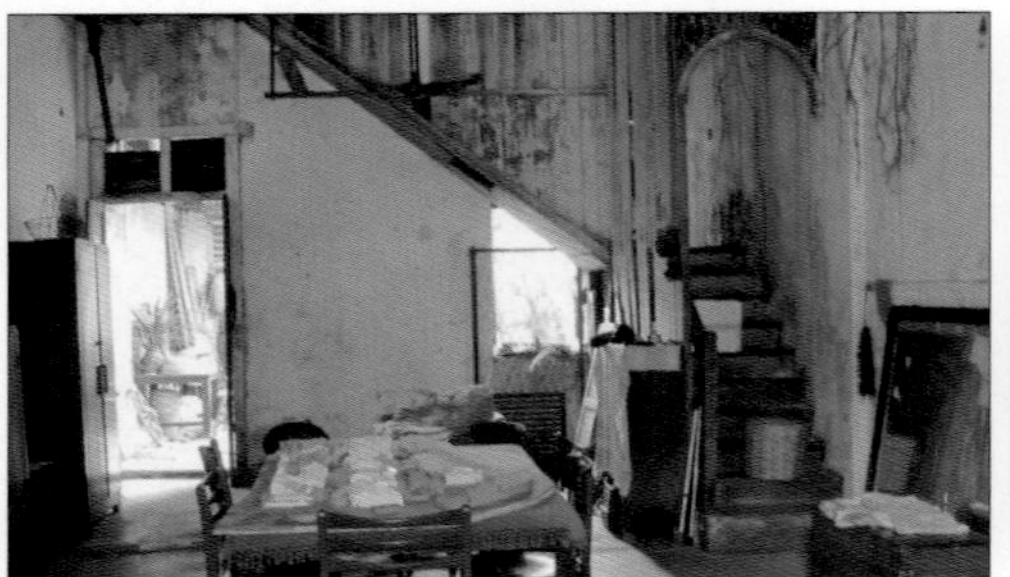
玄関から診療所内を見る

パパン診療所

裏木戸

ジョゼフィンの階段下隠し場所

イポー時計台

ドーンの「勉強部屋」前から診療所裏を見る

憲兵隊監房

聖マイケル学院

聖ジョセフ教会

バトゥ・ガジャ刑務所

シビルの葬列

バトゥ・ガジャ病院

シビルの墓碑銘

シビルと母の墓（聖マイケル教会墓地）

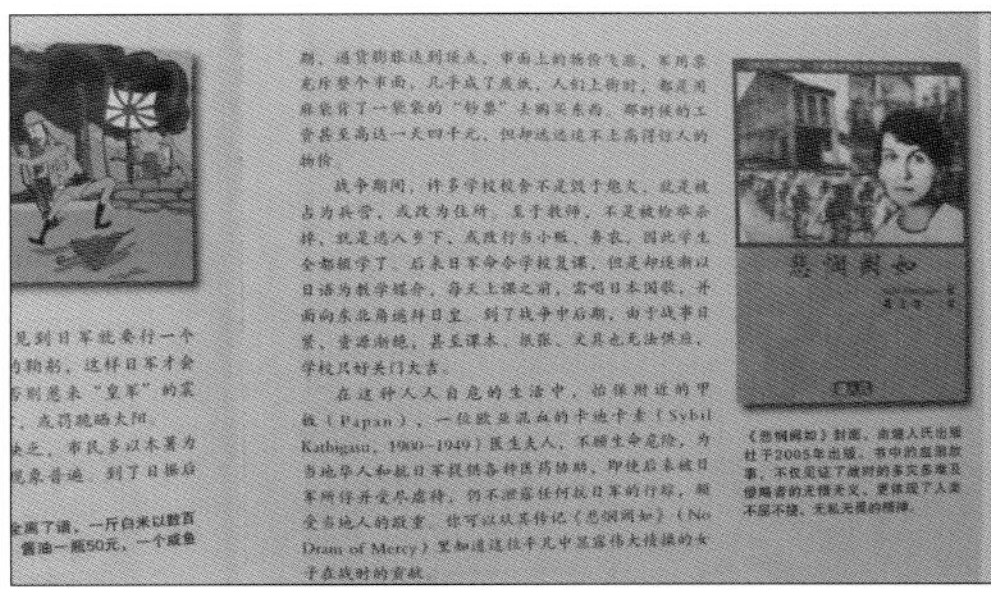

期，通货膨胀达到顶点，市面上的物价飞涨，军用票充斥整个市面，几乎成了废纸，人们上街时，都是用麻袋背了一袋袋的"钞票"去购买东西。那时候的工资甚至高达一天四千元，但却远远追不上高得惊人的物价。

战争期间，许多学校校舍不是毁于炮火，就是被占为兵营，或改为住所。至于教师，不是被检举杀掉，就是逃入乡下，或改行当小贩、务农，因此学生全都辍学了。后来日军命令学校复课，但是却强制以日语为教学媒介。每天上课之前，需唱日本国歌，并面向东北角遥拜日皇。到了战争中后期，由于战事日紧，书源渐绝，甚至课本、纸张、文具也无法供应，学校只好关门大吉。

在这种人人自危的生活中，怡保附近的甲板（Papan），一位欧亚混血的卡迪卡素（Sybil Kathigasu，1900–1949）医生夫人，不顾生命危险，为当地华人和抗日军提供各种医药协助，即使后来被日军所俘并受尽虐待，仍不泄露任何抗日军的行踪，颇受当地人的敬重。你可以从其传记《悲悯剩如》（No Dram of Mercy）里知道这位平凡中显露伟大情操的女子在战时的贡献。

《悲悯剩如》封面，由霹人民出版社于2005年出版。书中的真实故事，不仅见证了战时的事实苦难及侵略者的无情无义，更体现了人类不屈不挠、无私无畏的精神。

マレーシア教科書『初中活用 歴史 第三冊』

イポー市シビル・カティガス通り

序文

シビル・カティガスの自叙伝*NO DRAM OF MERCY*（『慈悲の心のかけらもない』）が出版されたのは、シビルの死から六年後でした。この自叙伝については、「出版までなぜそれほど長くかかったのか」「苦難をものともせず生き抜き、恐ろしい体験を語った力の源は何だったのか」「死という大変な危険をなぜ冒したのか」「愛しながらも、危険にさらすことになってしまったシビルの家族や友人は、その後どうなったのか」などの声があります。

シビルの英雄的行為は多くの人々の人生に影響を及ぼしました。しかし、その人並外れた勇気と人道上の貢献にもかかわらず、彼女は歴史から忘れ去られ、ほとんど語られることのないヒーローのままなのです。ですが、すっかり忘れられているわけではありません。シビルが助産師としてこの世に取り上げた命は、たぶん数千に上るからです。この人たちと、その子や孫がシビルを忘れることはありますまい。シビルの英雄的行為の記憶は世代を超えて語り継がれ、生き続けることでしょう。

シビル・メダン・デイリーはアイルランド人の父とユーラシア人の母との間に生まれ、ペナンで育ちました。看護学生としてクアラルンプールで学ぶ中、セイロンに出自を持つ医師アブドン・クレメン・カティガスと出合います。一九四一年、二人はイポーのブルースター通り（現在のスルタン・イドリス・シャー通り）のショップハウス（一階部分が店舗、二階が居住用に建てられた家屋形式）で診療所を開設し、その二階で暮らしました。イポーでは広く知られ、地域社会では評判の二人でした。日本軍による一九四一年一二月一五日のイポー空襲から数日して、シビルは自分の家族、そして友人家族らと共に、より安全な場所を求めてイポーを離れます。避難の途中、偶然にも知り合いに出会い、その勧めでパパン七四番地のショップハウスに間借りすることになります。こうしてこの地で、シビルの帰らざる旅が始まりました。

シビルについて私が知ったのは、オックスフォード大学出版局の*NO DRAM OF MERCY*（一九八三）を通してでした。二〇〇二年、今が好機とパパンのそのまさに同じショップハウスを借り受けました。ショップハウスは現在、シビル・カティガスのパパン記念館となっています。

シビルの家族の物語が新たな局面を迎えるのは、ただ一人生存していたシビルの子どもオルガが現れてからです。私がパパン・プロジェクトを始めて三年、シビルの上の娘オルガ・カティガスがイポーで暮らすことになったのです。オルガは大変な記憶力――限られた範囲のものであるにしても――の持ち主でした。

二〇〇八年、オルガと私がクアラルンプールでマーフィー・パキアム大司教とお会いした折り、大司教からお聞きした話は驚くべきものでした。大司教の父親は看護師で、シビルが無期懲役刑に服していた刑務所に隣接するバトゥ・ガジャ病院に勤務していたのです。父親は夜の静まる中、刑務所すぐ近くの自宅でピアノ奏者に演奏を依頼したといいます。服役中のシビルの孤独をなぐさめるためでした。

オルガは姪のシモーヌとカトリーナ（いずれも妹ドーンの娘）に会ったことはありませんでしたが、二人のことは知っていました。二〇〇八年、運命の巡り合わせか、シモーヌが私のことをインターネットの「ペラ州古跡学会（ヘリテッジソサイエティ）」ホームページで見つけたのです。二〇〇九年、シモーヌとカトリーナはオルガの誕生日のためにはるばるイポーを訪れます。私たちはとてもすてきな昼食をとり、バースデーケーキとシャンパンで祝いました。短くも心和むひとときでした。シモーヌはタイのプーケットでダイビングのインストラクターをしていて、それまでもオルガを数回訪れていましたが、カトリーナにとっては伯母との初めての出会いでした。その後、私たちが再会するのは二〇一四年九月、オルガの葬儀の折りでした。

カトリーナはニューヨークから駆けつけ、オルガが人生最後の日々を過ごしたカトリック教会老人ホームのある、クアラルンプールでの葬儀に参列しました。カトリーナの追悼の言葉からいくつかご紹介します。

「ほとんど理解されていないこと。それは戦争の結果、家族がどれほどまでに破壊されてしまったかということです。そしてそのことがオルガとドーンの人生にどれほど直接的な影響を及ぼしたかということなのです」

「戦争以上に深刻な苦悩はなく、戦争以上に破壊的で、いつまでも続く恐怖はないとつくづく思います」

「恐怖の一瞬一瞬というものは、いつまでも消えない不安として後の人生を支配することになるのではないでしょうか。

理不尽な仕打ちを受け、殺人を目の当たりにした後、再び人生の喜びを感じるということは果たして可能なのでしょうか」

「オルガの長かった人生とその苦しみ、そしてシビルとドクターK（姓のKathigasuを短縮し、頭文字Kのみで呼んでいる）の人生が、私たちや私たちの子どもすべてのために記録、保存されるよう努めてまいりたいと思います。そうすることで、私たちの未来のために払われた犠牲、そして苦しみはいつまでも終わることがないという最大の教訓を常に思い起こすことができるからです――少数者による確固たる勇気の発露は、残された多くの者にとっては長年月に及ぶ苦しみにつながります。でも、他の選択肢がシビルにはあったのかとなると、私には想像がつきません」

私がパパン・プロジェクトに関わったこの間（かん）、シビル・カティガスの来歴を伝えようと多くの努力が払われてきました。『勇気ある人々』と題された本では、シビルの経験を歴史のテキストとして研究する試みがなされています。『シビル』という創作劇が、シビルの眠るイポーで上演されています。元々は八話からなる連続テレビドラマ『私の罪は何なの？』は編集され、二時間のテレビ映画になっています。『シビロジー』と『忘れられた人』という二つの試行的な短編ドキュメンタリーは新しい世代の歴史愛好家や人道的な人たちの心を捉えるとともに、とりわけカトリック教会の関心を呼んでいます。

シビル・カティガスは極限状況のただ中にあって、不屈の精神という遺産を私たちに残しました。彼女はまさにその勇気と犠牲的行為の故に、人間性と信念の指針とも言うべき存在なのです。

日本語によるこの翻訳書が、シビル・カティガスの記憶を広く世に伝える上で新たな一頁を加えてくれることをうれしく思います。かつて東南アジアの片隅に、命を賭（と）して自由のために闘った女性がいたことを少しでも多くの方に知っていただけたらと願っています。

二〇二〇年一月

劉錫康（ラーシアックホン）（Law Siak Hong）

お前も気の毒になあ。心が石のように冷たい人非人で、慈悲の心のかけらもない奴が相手だからな。

『ベニスの商人』第四幕 第一場

第一章

一九四一年。医師の夫と私は、子ども三人とマラヤ（現在のマレーシア）北部に暮らしていた。不安と緊張で息が詰まるような日々だった。外見上はごく普段通りの生活が続いてはいたものの、戦争の勃発を皆が恐れていたからだ。状況は日に日に切迫しているように思われた。

わが家はイポーにあった。イポーはキンタ川の両岸に発展した町で、錫(すず)鉱石採掘地域の中心であり、やがて肥沃なペラの州都となる。町の周囲には未だ平穏で、丸みを帯びた丘が連なっていた。太陽の下、岩肌は青白色(せいはくしょく)に輝き、木々でおおわれた上部斜面は絵の具チューブから溢(あふ)れ出たような緑色に照り映えている。美しい土地で、占領とともにやってくる銃声やゲリラ狩り、強盗、略奪など、戦争の影響とは未だ無縁だった…。

一九四一年一二月八日早朝、古くからの友人ジョージ・ウィーヴァーがブルースター通りのわが家に現れた。ひどく興奮していた。「ニュース、聞きましたか、ミセスK（著者の姓であるKathigasuを短縮し、頭文字Kのみで呼んでいる）」と叫び、「戦争です！　日本軍がシンガポールを爆撃したんです。マラヤの日本人はすべて逮捕されてます」と勢いこんで言った。返事をする間もなかった。

恐れていた知らせだったが、数カ月前から予想してはいた。鈍い衝撃はあったものの、驚きはしなかった。そう言おうとした矢先、ジョージの知らせを聞いて私のところに駆け寄ってくる家族を毅然とした態度で落ち着かせなければならなかった。かわいそうにも、母が特に動揺していた。母はこの時、七三歳。穏やかな老後を楽しみにしていたに違いない。「ビル（著者シビルの愛称）、ビル、大丈夫なの？　私、とても怖いわ」とくり返し聞いた。

母の背に腕を回し、できる限り慰めた。「お母さん、心配しないで。これまで通りお世話しますからね」

それからの日々、記憶では希望と絶望が交錯していて、その色調は黒一色に沈んでいる。シンガポール空襲のほぼ直後、日本軍がシャム（現在のタイ）南部、そしてわが軍が展開しているケランタンに上陸したというニュースが続いた。兵士を満載して北上する軍の車列を目にして励まされた。兵士はイポーを抜け、ケダやペラ北部の敵と対峙するのだ。その後、新しいニュース放送を聴いて不安でいっぱいになった。ペナンが激しく爆撃され、町の狭い通りで火災が荒れ狂っているという。いつイポーの番になるのだろう？

医師の夫と私は前々から、戦争がマラヤにやってくるかも知れない、そうなったらイポーは空からの攻撃で危険になるだろうと考えていた。爆撃の際には、町の中心にある現在の家よりもずっと安全な場所に家族を移す準備を進めていた。選んだ先は、郊外にあるわが家のガレージだ。付近には軍事的価値のある攻撃目標はなく、わが家のお抱え運転手二人の家族が調理と洗濯をすることのできる設備が整っていた。そこに私は食糧を備蓄していた。ガレージそのものは、高く生い茂った竹藪（やぶ）に隠れて上空からは見えづらい。車は、少し離れた木々の下に駐車することができる。イポーが空襲されたら、ドクターと私は補助医療業務に携（たずさ）わることになるだろう。大切な家族が比較的安全な場所にいることが分かっていれば、少なくとも彼らを案ずる必要はない。心置きなく責務に専念できるというものだ。

日本軍によるシンガポール攻撃のニュースを聞き、車一台と運転手一人は昼夜空いている状態にするよう指示した。まさかの時には、娘二人と母を速（すみ）やかにガレージに連れていくためだ。私たちはまた、古くからの友人のウィーヴァーさんご家族もこの避難所に同居するよう話を進めてあった。

家族の安全のための準備は整ったと確信し、できるだけ落ち着いて事態の成り行きを見守った。この一二月の日々、森におおわれた石灰岩の丘陵という美しい景色を背に、町はマラヤの太陽の下できらめいていた。これまで同様、平穏無事であるように見えた。町にちょっと立ち寄った人がそのにぎわいを目にして、普段との違いに気づくということはまずなかっただろう。自動車やバス、自転車、人力車が道路を行き交い、物売りの威勢の良い売り声が空気を震わせていた。あらゆる民族の人々――ヨーロッパ人や中国人、マレー人、インド人――がまったくいつも通り、仕事や市場へと向かっている様子だった。学校はクリスマス休暇で休みとなり、子どもたちがいつでもどこにでもいて、親の手を引っ張っては商店を巡り、きらびやかな陳列品に息を飲んでいた。

華やかに飾られた多くの商店の中でも、ある大きな店が特に子どもたちの目を引いた。背の高い、緋色のローブをまとったサンタクロースが店の入口でうなずきながら立っていて、中に入っておもちゃの国のすばらしさを一目見てごらんと、子どもたちを手招きしていた。サンタクロースのそばには郵便袋があって、子どもたちは忘れられないようにと、クリスマスカードを袋の中に放り入れた。サンタクロースは朝から晩まで、喜色満面の人たち大勢にわいわいと囲まれていた。

これは一二月一五日の朝、イポーから北へ二〇キロほど、幹線道路沿いのチュモルという小さな町での出産に立ち会うために小型車で出かけたときに通り過ぎた光景だ。イポーからそう遠くないところを走っていて、飛行機が何機か丘の上空を鷹のように旋回しているのに気がついた。運転手のマット・ユヌスも気づいた。

「ミッスィー（英語のMissy。元来は「お嬢さん」「娘さん」の意）、あの飛行機を見てください。ＲＡＦ（イギリス王立空軍。ＲＡＦはRoyal Air Forceの頭文字）が守ってくれてるのに、どうして心配するんですかね？」

飛行機は私たちがよく知っているＲＡＦのバッファロー（イギリス軍がマラヤに配備したアメリカ製戦闘機）のようには見えなかったし、アメリカの飛行機特有のエンジン音もしていなかった。けれども特に何言うでもなく、急ぐようにとだけマット・ユヌスに告げた。できるだけ早くチュモルに着きたかったからだ。

間もなくして私は仕事に没頭し、飛行機のことはすっかり忘れていた。仕事がほぼ終わりかけたとき、患者さんの夫の声がした。イポーからちょうど車で戻ったところだった。

「終わりましたか、ミッスィー。話せます？」

「ちょっと待ってね。すぐだから」

外に出ると、患者さんの夫が恐怖と不安で真っ青な顔をして立っていた。一体どんな知らせだろうとは思った。しかしその言葉を聞いたときには私も彼同様、顔からすっかり血の気が引いていくのを感じた。体を支えようと、近くの椅子の背もたれをつかんだ。

「ジャップがイポーの上空にいるんです。ブルースター通りにたくさん爆弾が落ちて、奥さんの家は火事なんじゃないかと思います」

一呼吸置いて、ようやく口を利くことができた。「急いで戻らないと」

「それはいけません、ミッスィー。とても行き着けません。ひどい状況なんです。飛行機がまだ上空にいて、町を機銃掃射してます。危うく殺されかけたんですよ」

「いいえ、行かなくてはなりません。子どもたちがどうなってるか確かめないと。それに、私が必要かも知れないし」

それでも彼は引き止めたかったようだが、何も言わなかった。私は家に入って、患者さんのところに行った。

「イポーが爆撃されてるってことだけど、あなたが心配することは何もありませんよ。来れたら、明日また来ます。でも、たとえ来られなくても、もう大丈夫ですからね」

「奥さまに神のご加護がありますように、ミッスィー」目に涙を浮かべて彼女は言った。

車に乗りこんだ。「イポーに戻って、マット・ユヌス。できるだけ急いでね。ジャップがイポーを爆撃して、私の家が火事だって」そう言った瞬間、運転手への指示を後悔した。この知らせに、かわいそうにもマット・ユヌスは気が動転し、自分が何をしているのかほとんど分からない様子だった。交通事故を免れたのは、いくつもの奇跡のお陰のようなもので、爆撃や銃撃のことを考える余裕はなかった。

イポーの町はどこもパニックに陥っていて、混乱状態だった。日本軍の狙いが人々の気力を挫くことにあるのは明らかだった。ブルースター通りに到着し、わが家が無事と分かってほっと息をついた。消防隊が通りの反対側、燃え盛る建物をホースで消火しようと全力を挙げていた。車が近づいて来るのを見て、薬剤師のハニフが表に出てきた。

「ハニフ、子どもたちと母は？　ガレージに行ってるの？　みんな、大丈夫なの？」

「大丈夫です、ミッスィー」

「ドクターは？　勤務中よね？」

「いいえ、ミッスィー。お気の毒ですが、ドクターは負傷して病院に収容されました」

「負傷？　重傷なの？」

「ではないと思います」

「何があったの？」

「みんな、飛行機を見ようと通りに出たんです。イギリス軍かと思ってました。すると、飛行機が急降下してきて、町のあちこちで大爆発が起こりました。辺り一帯、爆発音に包まれました。爆弾を落として、こっちめがけて機銃掃射してきたんです。でも、とっさのことで、日本軍の飛行機だとは気がつきませんでした。その時、道のすぐ向こう側で爆発があったんです。みんな、一斉に近くの出入口に殺到しました。僕たちは診療所に駆けこみました。通りからの人波で危うく押しつぶされるところでした。その時、ドクターが負傷してるのが分かったんです。片方の足から血が吹き出していて、ズボンが血まみれでした。応急手当をして、それから救急車で病院に運ばれました。ドクター自身、血を見るまでは自分が負傷していることに気がつきませんでした」

さあ、どうしたらいいんだろう？「困ったことになったわね、ハニフ」私はゆっくりと言った。

「はい、ミッスィー――ミッスィー、家に帰ってもよろしいですか。従業員もみんな、帰りたがってます」

そう言われて、新たな問題に直面することになった。ハニフのことは、彼が子どもの頃から知っている。従業員とはもう何年も、私の子どもが赤ん坊だったころからいっしょだ。無意識のうちに、彼らは私たちとここに残るものと思いこんでいたのだ。しかしこの最悪の時、自分の家族といっしょにいたいということ以上に当然なことがあるだろうか。ここにいてくれと、頼んで良いものだろうか。

決めた。「ハニフ、みんなに下に来るよう言ってくれる？　話があるから」

全員が診療所に集まり、伝えた。「みんなが家に帰りたがってるってことは承知してます。でも、ドクターが負傷してるってことは知ってるわよね。私が病院から戻ってくるまでいてもらえないかしら？　戻るまで、家と診療所を見ててくれる人が誰もいないの」

「お戻りになるまでいます」と快い返事だった。

そこで、病院に電話した。「こちらはカティガスです。ドクターはどんな具合でしょう？　傷の程度は？」

「今、手術室を出るところです、ミセスK。右足の付け根部分の深い傷です。爆弾の破片によるものです。特に心配は要りませんが、かなり出血していて相当弱っています」

「どうもありがとうございます。すぐに救急病棟に参ります」そしてハニフに向かい、「ハニフ、マット・ソムを呼んでちょうだい。病院まで運転してもらいます。マット・ユヌスはひどく動揺していて不安定のようだから。それとハニフ、ＭＡＳ（補助医療業務。ＭＡＳはMedical Auxiliary Serviceの頭文字）本部に電話してくれる？　ドクターは負傷していて、出勤できないって伝えて」。

救急病棟に着くと、ドクターは手術室から戻っていて、私を待っているところだった。かなりやつれ、青ざめている。ほんの二、三時間前、私が診療所を出たときには患者さんに明るく話しかけ、笑顔で診察に当たっていたのがまるで嘘のようだ。

「元気出して、ズィウ（夫の愛称）。気をしっかり持ってね」

「お前は大丈夫かい、ビル？　よくたどり着けたね」

「何も心配しないで。私が迎えに戻るまで休むようにしてちょうだい。ここにはいない方がいいわ。ガレージに連れていこうと思ってる。私、今から行って、子どもたちがどうしてるか見てきます。あなたを迎える準備をしますからね。じゃあ、また後で。頑張って！」

ガレージに着き、溢れんばかりの歓声で迎えられた。「あっ、母さん、無事だったんだ！　本当に良かった」母も私にしがみつき、ほっとして興奮のあまり何度も言った。「本当に大丈夫なの、ビル？　本当に大丈夫なの？」

「大丈夫よ、お母さん」母を安心させ、皆にキスしてハグした。大切な人たちが皆無事でいることを、黙祷して神に感謝した。「父さんに会いに、病院に行ってきたところなの。父さん、傷を縫ってもらっていて、ここに連れてこようと思ってる。ウィーヴァーさんご夫妻はどうなってるの？　来てるの？」その瞬間、ウィーヴァー夫人が入ってきた。

「お世話になります、ミセスK」

「お二人とも、大丈夫？　ひどく震えてるじゃない」

「今はもう大丈夫よ、ミセスK。来る途中でひどい目に遭ったけど、何とかなったわ」

「みんな、爆撃のないときは家の中にいた方がいいわ。飛行機が上に来たら、竹藪の陰に避難してね。さっ、戻らなくては。従業員が私の帰りを待ってるの。みんな、家に帰りたがっててね」

ブルースター通りの家に戻り、突然言いようのない疲れを覚えた——まだ早い時間だったが、その日の恐ろしい出来事によって肉体的にというより精神的に参っていたからだ。やるべきことがかなりたくさんありそうで、どこから手をつけたら良いものか見当がつかなかった。二階に上がり、ひざまずいて神に祈った。助言と、この先直面するかも知れないどんな試練の中にあっても神のご意志に応える力を、と祈った。祈りを捧げているうちに、張り詰めていた気持ちが和らいだ。しばらくして清々(すがすが)しい気分になり、体に力が湧いてきた。爆撃機が戻ってこないうちに、従業員を家に帰さなければならない。階下に下り、ハニフが管理しているキャッシュ・ボックスと劇薬の戸棚の鍵を持ってきてもらった。そして、都合できるだけのお金をハニフと従業員に渡し、家に帰るよう伝えた。「今までいてくれてありがとう。近いうちにまた、みんな無事に会えますように」

こうして、二人の運転手と私だけになった。幸いなことに——車なしではどうしようもなかったので——彼らの家族は町から安全な距離にあるガレージにいたので、二人は残って私の手伝いをしてくれることを承知してくれていたのだ。まず、ドクターのための綿(わた)のマットレスと籐の長椅子をオースチンに積みこみ、ガレージへ運んだ。病院に寄ってドクターを乗せ、ガレージに移送した。夫が落ち着きを取り戻し、まずはくつろいだ様子なのを見届けてから、家族全員の衣服をさらに持ち帰り、手遅れにならないうちにガソリンをできるだけ給油しておこうとイポーに戻った。ガソリンスタンドでトラブルがあった。軍用車両以外は駄目だと言う。

「力づくででも、ガソリンがほしいんです」と言った。私がどうやったら力づくで、などとは考えもしなかった。しかし、かなり威嚇的に見えたに違いない。相手は気持ちがぐらついたようだった。

「でも、軍にはどう言えばいいんですか」

「私が取ったって言えばいいでしょ」

一瞬、彼はためらったが、肩をすぼめ、車二台を満タンにしてくれた。料金を払い、出発した。

すでにとてもたくさんの事が起こっていたが、まだ午前一一時半だった。爆撃機が去り、町は大混乱の様相を呈していた。いたるところ、紐をかけて梱包したり、中国の入り子式の箱に詰めたりした家財道具を自動車や手押し車、自転車に積んでいる家族がいて、陸続と町を出ていった。車輪がついてさえいれば、その日はどんな乗り物でも持ち主の言い値で売ることができただろう。救急車は未だ行ったり来たりしていて、負傷者を病院に搬送していた。消防士は町の数ヵ所で消火活動に当たっていた。インド人警官とマレー人警官がどこにでもいて、荷物を満載した車両の流れを交通整理しながら、略奪に目を光らせていた。その一方、あちこちでイギリス人部隊とインド人部隊が救援活動をしていた。

これで家族のためにできることはすべてやり終えたと確信し、いよいよ私の助けが必要な他の大勢の人たちに気持ちが向いた。診療所の前には、私を待っている貧しい人たち——中国人やインド人、そしてマレー人が少し——の人垣ができていた。その中には顔見知りが何人もいた——ドクターと私がこれまでに診たことのある患者さんだ。赤ちゃんを抱いている母親数人に気づいた。生後、まだ何日もたっていない赤ちゃんもいる。私が姿を見せた途端、母親たちが助けを求めて周りに集まってきた。皆、家族を町から避難させたくて、自動車に乗せてほしかったのだ。

「お住まいはどちらですか」あるお年寄りの女性に尋ねた。

「飛行場の近くです、ミッスィー」

一刻を争う状況であることに気づいた。まだ飛行場が爆撃されていないのなら、明日かあさってのうちに日本軍はまず間違いなく攻撃して、使用不能にするだろう。その攻撃のさなか、このお年寄りとその家族は巻き添えになってしまうかも知れない。ちょうどその時、遠くから近づいてくる飛行機の音が聞こえ、今まさに起ころうとしていることに身がすくんだ。パニックが走った。「どうか助けてください、ミッスィー」「手遅れにならないうちに連れてってください」

「分かったわ。今すぐ車二台に乗れるだけ乗って。残りの人は戻ってきてからね。荷物、たくさんは駄目よ。人の命が優先。お米と砂糖、塩が二、三日分、あとは着替えで我慢して。さっ、どこへ行けばいい?」

マンジョイと言う人が何人かいた。イポー郊外の小さな住宅地だ。もっと遠方の町や村を挙げる人もいた。行き場のない人もいた。「いい? あなたたちみんなをこの辺り全域に連れていくことはできない。だって、車が戻ってくるのを待ってる人がここにいるんだもの。お互い、助け合わなくっちゃ。私たちみんなが巻きこまれてしまった災難なんだから。マンジョイまでみんなを連れていくから、その先、泊まるところは自分で見つけて。病気が流行るのが嫌だったら、飲み水は沸騰させるのを忘れないこと。いい?」

午後遅くになって、ようやく最後の人たちを無事送り終えた。私は、すべて順調に運んでいるか確かめにガレージに戻った。ドクターの傷は出血が続いていて、包帯が血に染まっていた。包帯を取り替えて楽にしてあげた。その後診療所に引き返し、薬品の荷造りをした。ようやく荷をしっかりとケースに収め、いざ必要となったらすぐに持ち出せるようにしたときには夜になっていた。疲労し、寒く、空腹のまま、豪雨を突いてガレージに戻った。雨の中、灯火管制の悲哀が一段と身に染みた。何もかもが不自然で、誰もが不安でうんざりしていた。戦争がどういうものなのか私たちは知らなかった。

眠れない夜が明け、朝になって爆撃機がまたやってきた。ドクターの傷はまだ出血していて、さらに治療が必要だった。侵略者が飛び去った後、再び病院に連れていった。X線検査で、爆弾の大きな破片がまだ傷の奥に残っていることが判明。直ちに手術室に運ばれ、ぎざぎざの金属片が取り除かれた。手術終了後、外科医が来て、病院スタッフは運べるだけの備品を持ってイポーを出発し、南下するよう命令を受けていることを教えてくれた。「いっしょに来ますか、ミセスK」

「いいえ、残ります」

「そうですか。ご主人の傷については心配要りません。包帯を取り替えるだけです。傷口が癒着したら、抜糸して下さい。では、これで。ご幸運を」

「ありがとうございます。ご幸運をお祈りします」

その後の二、三日で、最後の希望――シンガポールから援軍が到着するだろうという――が消えた。ガレージに釘付けだったが、生活必需品はまずまず揃っていた。日本軍の爆撃機はひっきりなしに上空を飛んでいた。近づいてきたときには竹藪の下に避難したが、近くに爆弾が落ちることはなかった。町にはほとんど人気がなかった。住民は皆、周辺地域に逃げこんでいたのだろう。数回に及ぶ激しい攻撃の的となった飛行場は、一二月二〇日には使用不能となった。その後、軍司令部がイポーを出て、南に向かうということを知った。私たちも同行しないかと将校の一人に勧められたが、他のどこよりもここでの方が役立つのではないかと思い、申し出はお断りした。心の痛みや悲しみが声に出ないよう友人たちに別れを告げ、幸運を祈った。軍隊が去っていこうとしていた。イギリスの統治が間もなく終わろうとしていた。一体どのくらいの期間になるのだろう？

養子のウィリアム・ピレが大急ぎでやってきた。フランシス・ウィーヴァーと連れ立って、義勇軍とともに直ちに南に向かうよう命令が出たと言う。

「母さんもいっしょに来ますか」息子が聞いた。

「いいえ、ここに残ります。お前は行きなさい。それが務めよ。神のご加護がありますように」

息子は私には答えず、「フランシスは軍務があって、来られないかも知れません」とウィーヴァー夫妻に伝えた。「では皆さん、さようなら」そう言って、息子は行ってしまった。友人でもある夫妻は、かわいそうにもその場に崩れ落ちそうで、支え合うように互いにしがみついていた。かける言葉がなかった。

ガレージを出てイポーを離れ、田舎に避難場所を探す時がいよいよ来たと私は判断した。患者さんのほとんどが去った今、もはや町に残っている必要はなかった。その上、ドクターは傷が癒えるまでの間、休養が必要だった。ブルースター通りのわが家に下宿していた電気技師のバーが、再び私たちに合流した。働いていた会社が発電所と事務所を閉じ、従業員は自宅待機となったからだ。ヨーロッパ人スタッフは南へ避難させられていたが、バーは残ることにしたのだ。彼とまたいっしょになれてうれしかった。その後、家族といっしょに行きたいからと言って、ハニフが戻ってきた。皆を乗せるスペースが車にあるかしら？

どこに行けば良いか確かな当てはなかったが、車三台に荷物を積んで避難民の流れに加わり、南へ向かう道路の一つを下った。

日本軍は毎日、あらゆる種類の乗り物でごった返す道路に急降下してきて、軍であろうと市民であろうと見境なく爆撃し、機銃掃射した。こうして、避難する数多（あまた）の家族が痛ましくも非業の死を遂げていった。そのため、運転しながらも目は油断なく空を見上げていた。何キロも進まないうちに、ついに恐れていた日本軍機の機影が丘の上に現れた。すぐに適当な曲がり角で幹線道路を離れ、数分後パパンのある小さな村に着いた。道路沿いのゴム園の木々の下に避難場所を探した。

幸運がパパンに連れてきてくれたのだった。日本軍機が去り、避難場所から出た。と、その直後、バーの友人のインド人、ラトナムさんという人に出会った。バーと同じ会社に勤務していた人だ。ラトナムさんは救いの手を差し伸べてくれた。私たちの窮状を察してくれ、パパンの目抜き通り――パパンにはこの通りしかないのが実際――、七四番地にある自宅を半分提供しても良いと言う。直ちに入居した。こうして、私たちはパパンの住民となった。

第二章

慈悲の心のかけらもない

偶然にも落ち着くことになったこの小さな町は、かつてキンタの一大人口集中地だった。しかしそれは、広大な森林のあちこちを中国人の錫(すず)掘りが手掘りでわずかに切り開き始めた初期の頃の話だ。採掘が機械化されて開発が進み、錫鉱山が谷の全域に広がるにつれて繁栄の潮流は遠ざかり、パパンは置き去りにされる。八キロ余り先のバトゥ・ガジャによって見る影を失い、言うなれば町は、丘のふもとで立ち往生したままだ。やがてバトゥ・ガジャもキンタ谷の中心地としての座を、今度はイポーに譲ることになる。この頃のパパンは七、八〇〇メートルほどの目抜き通りが一本あるきりで、だらだらと続くその通りの両側に商店と住宅が並んでいるに過ぎなかった。他には市場と中国人学校、その運動場、そして警察署があるだけの町だった。警察署は町の入口にあり、巡査部長以下、数名のマレー人巡査が詰めていた。

私たちがやってきたとき、町の人口はイポーからの避難民の流入ですでに二、三倍に膨れ上がっていた。あらゆる家、あらゆる小屋、採掘道具の入ったあらゆる納屋がぎゅうぎゅう詰めで、もしもラトナムさんの親切に折り良くあずからなかったら、宿探しはとても大変だったろう。

ラトナムさんは、手を差し伸べてくれた大勢の友人の最初の一人に過ぎない。間もなくして、以前からの患者さんや友人の多くが私たち同様、イポーからパパンに避難先を求めてやってきた。そして、私たちのことを知ると引っ越しを手伝ってくれ、このような状況で困らないようにとあれこれ世話を焼いてくれた。木のベンチはベッド代わりに使われた。わが家のインド人料理人ムトゥは腕を振るい、すぐに食事の用意をしてくれた。灯火管制のため、誰もが早くにベッドに入った。

パパンに来て一日とたたないうちに私たちのことは町中に知れ渡り、患者さんが診察を求めてやってきた。

「ドクター、あなたとミセスKがここにいてくれて、本当にありがたいです。病人がとても大勢いるんですよ」

私たちは明らかに必要とされていたが、この時点ではイポーから大急ぎで引き揚げる際に持ってきた救急箱と薬草製剤しかなかった。薬品と医療器具は、すべてイポーの診療所にあった。爆撃があった最初の恐ろしい日に残らずケースに詰めてあって、いよいよイポーにもう一度行ってパパンに持ってこなければならなかった――診療所がまだ無事ならの話だが。すべきことはただ一つ、行って確かめることだった。

そこで三日間――一二月一九日から二一日まで――、車三台を毎日イポーまで走らせ、薬品や医療器具だけでなく、衣服や食糧、その他必需品も持ち帰った。お抱え運転手二人はパパンには残りたがらなかった（パパンは当時、犯罪の多い危険な町として知られていた）ので、ドクター自身――まだ傷口から抜糸していなかったが――が大型のシボレーを運転した。ドクターは、それまで運転経験のないハニフに小型車の運転の仕方を教えた。最初、小さなオースチンは道路ではひっきりなしに蛇行し、丘陵では急停止をくり返す始末。その上、ハニフがギアチェンジする度にボンネットからは異様な音がした。しかしオースチンは、無事イポーとの間を往復した。三台目の車はバーので、こちらはバー自身が運転した。この往復に危険がなかったわけではない。空襲があって、何度か避難場所になりそうなところを探す羽目になった。一度など、ガソリンを給油しているところへ日本軍機が急降下してきて、道路を機銃掃射していったこともあった。被害がなかったのは幸いだった。

最後の積み荷を載せてパパンに戻り、診療所の再開を知らせた。助けを待ち望んでいた患者さんたちの顔に浮かんだ喜びと信頼の色を見て、私たちが冒した危険は十分報われた。

七四番地のラトナムさんの家は、マラヤのどんな小さな町でも見かけるタイプの、青白色（せいはくしょく）の漆喰（しっくい）が塗られた中国式ショップハウス（一階部分が店舗、二階が居住用に建てられた家屋形式）長屋の一軒目として建てられていた。ただし一軒きりで立っているままで、両側は空き地になっていた。家は背が高くて幅が狭く、間口はわずか六メートルほどだったが、奥行は道路からかなりあった。側面の外壁は煉瓦（れんが）がむき出しで、窓はなかった。窓がないのは隣接される家を見越してのことだったが、隣に家が建てられることはなかった。

一階では、家の正面玄関部分が道路の端から一・五メートル引っこんでいた。しかし二階は前にせり出していて、一・五メートル幅の歩道を跨（また）ぐアーチに支えられていた。限られた敷地面積を最大限に活かすためだ。

玄関扉は厚板でできていて、木の閂（かんぬき）がかかるようになっていた。扉は内開きで、一階の大きな部屋では移動可能なついたてが間仕切りに使われた。この部屋の一番奥には隅に扉があって、家の裏に行くことができた。もう一方の隅には、一部屋しかない二階に上がる階段があった。

二階の部屋は一階の部屋よりも広かった。道路の端から一・五メートル分のスペースが使えたからだ。二階では、通りに面した縦長の鎧窓（よろい）三つと奥の小さな窓二つから採光していた。

これら二つの大部屋は居住部分でもあった。一階の部屋の左奥にある扉は台所に通じていたが、台所は実際には戸外にあって、屋根は一部にしかなかった。台所の向こうには小さな部屋が二つあり、戸口は屋根のない細い通路に面していた。この通路はまた、台所の屋根のない部分とつながっていて、右側面には高さ二メートル余りの煉瓦塀が立っていた。通路は二つの部屋の前を過ぎて、小さな裏庭へと続いた。裏庭の煉瓦塀の木戸は、家の前の目抜き通りと平行して走る小道へと開いた。

電球が取り付けられ、水道と電話が使えるようになって、家は私たちの必要に適った申し分のないものになった。ラトナムさんの家族は裏の小さな二部屋だけに居住した。一階の部屋は模様替えして診療所を整備し、居住スペースとはついたてで仕切った。ここには消毒器に電気を送るコンセントがあり、籐の長椅子と木の長椅子、テーブル、そしていくつかの棚が家具のすべてだった。

二階はウィーヴァー夫妻と下の息子さんのドミニク、ハニフの家族、そしてバーが暮らした。二階には薬品や食糧、衣服、そしてラジオを置いておくスペースがあった。車は家をぐるっと回った裏手、ゴムの木々とココ椰子の陰にできるだけ上手く隠した。

来る日も来る日もニュース放送を聴いた。イギリス軍が日本軍の前に少しずつ後退しているとの報道に、希望は失われていった。

いつの間にかクリスマスがやってきた。二四日の晩、五歳になる下の娘ドーンが私のところに来て言った。「母さん、今夜、靴下を吊るしてもいい？」

私は腕を娘に回し、額にキスした。「無駄なのよ。今夜、サンタさんは来ないの」

「母さん、どうして？」

「日本軍が連れてっちゃったの」

「いつ戻るの？」

「すぐ連れ戻してくれるよう、赤ちゃんのイエス様にお願いしてみましょうね」

こうしてクリスマスの朝が明けた。車はあったけれど、危険を冒してまで町を出て教会に行こうという気にはなれなかった。皆でひざまずき、いっしょに祈りを捧げた。最後にドーンが言った。「イエス様、お願いです。サンタさんを早く連れ戻してください」

不安と恐怖、そして先の見えない将来とで、救世主誕生の喜びは私たちの心から奪い取られたも同然だった。二階の食料品の中から見つけたプラムプリンの一缶を夕食時に皆で分け合って祝いはしたものの、それまでの楽しかったクリスマスが思い出されてならなかった。友人たちのためにいつもパーティーを開いていた。イポーの孤児たちを特別のご馳走でもてなしていた。それは孤児たちと同じくらい、私たち自身が楽しみにしていた催しだった。

この日、ドクターの傷が十分に癒え、抜糸することができた。

毎日、空のどこかに日本軍機を目にするようになった。イギリス軍が守っている場所や道路を移動する車列を探して攻撃したり、シンガポールやクアラルンプール、そして兵站（へいたん）線沿いの目標を爆撃するために通過していった。時がたつにつれて日本軍は南へと押し進み、爆弾や対空砲火だけでなく、大砲のずんという音も聞こえてきた。

しかし、パパンから数キロ先では血みどろの戦闘が続いていて、それを私たちはほとんど知らなかった。近隣から日ごと運びこまれる救急患者の対応で手いっぱいだったからだ。ある日、マレー人巡査のアーマッドが頭蓋骨骨折で運びこまれた――職務遂行の結果だった。市場で大っぴらに賭場（とば）を開いていた中国人グループと出くわし、首謀者を逮捕しようとしたところ、背後から鉄の棒で襲われたのだ。私たちは彼を診療所に留め置いた。一命はとりとめたとようやく確信できるまで、数週間の看護と治療を要した。アーマッドは、彼と、彼が頼りの妻や幼子二人に私たちがしてあげたことを忘れなかった。後に彼は、感謝の意を示す実際的な行動を取ることになる。

アーマッドは当時、私たちが治療した大勢の人たちの一人に過ぎない。私たちがパパンに落ち着いたという知らせが広がり、パパンだけでなく、近隣の町や村からも患者さんが毎日次々とやってきた。

私たちは間もなく、診療所の粗末な医療器具とイポーから運ぶことのできた薬品とでは持ちこまれる症状に対して十分な対応ができず、あり合わせのものでしのがざるをえなくなった。ドクターは手術の必要を感じていたが、イポーではあまり外科手術はやっていなかったので、きちんとした医療器具を持ち合わせていなかった。そのため、爆弾や爆弾の破片、あるいは機関銃の弾丸で傷つき、外科的な治療が必要な患者さんが深刻な問題になっていたのだ。かみそりの刃を転用することで、ようやく患者さんを救い、安心させることができた。

患者さんと並行して、お産の立ち会いがあった。一番骨が折れるのは難産のときで、その場にいるだれもが大変な厄介を強いられるような状況で呼び出されることがよくあった。特に、ある一つのケースを覚えている。母親はすでに九人の子をもうけていて、窓のない屋根裏部屋で五日間陣痛に苦しんでいた。光と外気が入るようにと、椰子の葉の屋根の一部を取り除いてもらった。苦しい数時間が過ぎていよいよ出産が近づいたとき、頭上を旋回する飛行機の音が聞こえた。屋根が半分しかないことでパイロットの不審を買ったのではないか、と思った。家の上で急降下する飛行機の轟音と、耳をつんざくような機銃掃射の音がした。小さな屋根裏部屋で全神経を出産に集中させなければならないまさにその時、私は緊張感で押し潰（つぶ）されそうになりながら銃弾の強烈な衝撃を覚悟していた。しかし危機は去り、最終的には母子ともにすべて順調に運んだ。後に分かったところでは、日本軍機の攻撃目標は、近くの道路を退却するオーストラリア兵の部隊だったそうだ。

仕事量がかなり増えたため、家の誰もが役割を分担する必要が生じた。ドミニク・ウィーヴァーはドーンに手伝ってもらって薬品用の清潔な瓶を確保し、いつでも補充できるようにした。彼の父親のウィーヴァーさんは患者さんの受付係で、緊急のケースは優先して診察し、他は順番に診てもらうよう取り計らった。ウィーヴァー夫人は調剤に必要な水は濾過されているか、フィルターのない場合は完全に沸騰しているかどうか気を配った。オルガは祖母の世話をし、通常はあらゆる仕事をこなす何でも屋さんとして動いた。あらゆる外科的処置に際しては、患部が腐敗していようがいまいが、ドーンが医療器具や綿棒、タオルを必要に応じてドクターに手渡すなど、自分にできる手伝いをした。外科的処置はドクター以外にはできなかったし、他の者は一切関わらなかった。

新しい調剤師を見つける必要に迫られた。ハニフが家族を連れ、親戚のいるバトゥ・ガジャに行くことにしたからだ。ハニフの家族の出発で家の過密状態は和らいだが、彼らを見送るのは残念だった。他に誰もいなかったので、ハニフの代わりにバーを調剤師に指名した。

「でも僕、この仕事のこと、何も知らないんですよ、ミセスK」気が進まない様子だった。「分かってるわ、バー。でも一生懸命に覚えていくしかないのよ」バーはベストを尽くしてくれた。

貧しい人やすべてを失った人は無料で診療することにしていた。他の人たちは、このくらいなら大丈夫だろうと当て推量で診療代金を請求した。最初は患者さん個々の経済状態が分からず、判断がむずかしかった。無料で診てもらえるならそれに越したことはないので、全財産を失ってしまったと言い立てる人が大勢いた。私たちは度々騙されたに違いない。その後、モルを知り、この点については彼が助けてくれるようになった。患者さんがいるときは、大体いつも来てくれていた。私たちのかなり控え目な診療代金を支払う余裕のある人のときは、頭をかいて合図してくれた。モルはずっとパパンで暮らしてきていて、ここの人たちすべての状況を知っていた。私たちをたくさんの思い違いから救ってくれた。

イギリス軍が撤退し、地方行政機関が機能しなくなった。パパンは衛生検査官の監督下、公衆衛生面の仕事を一握りのインド人クーリー（漢字で「苦力」。インド、中国などから移民した低下層労働者）の労働に頼っていた。しかし今やクーリーが指示を仰ぎ、給金を求めることのできる事実上の政府はなく、すべての仕事が滞っていた。道路と下水溝はひどい状態となり、ゴミの収集と屎尿処理は何日間も行なわれていなかった。膨れ上がった人口によって飲料水の使用が増加した結果、貯水池が涸れ始めていた。

積極的で公共心のある住民何人かが集まり、町の管理委員会を立ち上げた。彼らは全世帯からお金を徴収し、これで引き続き仕事をしてくれるよう町の労働者に支払うことができた。管理委員会はまた、秩序を保って町を警備するという責務を担う中国人の一団を組織した。すでに人里離れた地域では、ごろつきや略奪者の群れが総崩れに乗じてうごめき出していたからだ。最初、この「市民軍」はこん棒で武装していたが、後にはショットガンを持つようになり、町の住民を乱暴狼藉から無事守ってくれた。私たちは多くの家の例に倣い、裏庭に井戸を掘った。どこの家でも洗濯には井戸水を使い、水道水は飲み水と料理にだけ使った。このようにして、貯水池の水位が維持されることを願った。

日一日と過ぎる中、近隣への空襲は止んでいたが、南方の目標を攻撃する日本軍機の編隊が上空を飛んでいくのを目にするようになった。戦闘が遠ざかるにつれ、大砲のずんという音はかすかに聞こえる程度になり、やがて消えた。シンガポールからの援軍が何とか形勢を立て直すだろうという希望も潰えた。

ついに電気が来なくなり、しばらくの間はラジオも電話も使えず、外の世界から完全に切り離されたようだった。しかし正常に働くバッテリーを手に入れることができ、やがてこのバッテリーは私たちの生活にとってなくてはならないものになった。

第三章

一二月二八日の真夜中、横になったまま眠れずにいた。すると、町に入ってくる大型車両の音が聞こえた。起き上がって、玄関扉の隙間から覗いた。薄ぼんやりした月明かりの中、分厚い体の兵士がぎっしり乗ったトラックが見えた。武器を手に、あらゆる装備を滑稽（こっけい）なほど背負（しょ）いこんでいる。日本軍だ。これら侵略者以外、通りには人っ子一人いない。覗きながら、通りに面したあらゆるドアと窓の陰で息を殺して佇（たたず）んでいる、心は私と同様に恐怖と不安でいっぱいの人たちの姿を想像した。日本兵が民家に押し入（い）ろうとすることはなかった。死んだような町で夜を過ごし、夜明け前に立ち去っていった。

翌日の正午には分遣隊が町に戻り、銃剣を突きつけて自動車を探し回った。日本人は自動車が大好きだった。何かしら地位のある人は誰もが自動車を所有した。所有者の階級や地位は、乗っている車のサイズと品質から判じられた。日本軍による占領から二、三ヵ月のうちに中古車の価格は高騰し、戦争以前の新車価格の数倍に跳ね上がっていた。特徴的だったのは、日本人は「質の良い車」を所有したがる一方、質の良い車は敵国のイギリスかアメリカの製品であるという事実には目をつぶるというそのご都合主義だった！

わが家の車はココ椰子とゴムの木々の陰で上空からは見えなくしてあったが、それ以上隠そうとはしなかった。そのため、最初に持っていかれた。やってきたのは第一線部隊で、全員がマレー語を話した。分遣隊を指揮する下士官は、大型のシボレーを見て喜んだ。まさに探していた車で、知事はこのような車をこそ必要としていると言う。シボレーの発見に喜んだ下士官に、私たちの仕事にとって小型のオースチンがどれほど必要か説明したところ、特別の計らいでその保有が許された。しかしバーの車は、シボレーといっしょに持っていかれてしまった。

ああ！　そのオースチンでさえ、長く保有することはなかった。シボレーの一件から二、三週間後の真夜中、私たちはひどく怒った日本兵に起こされた。理解しがたいうなり声を上げ、激しい身振り手振りでついてこいと言う。オースチンを駐めてある場所だった。日本兵はマレー語を話さなかったが、車の所有者が誰なのかを聞いていて、車を直ちに引き渡すよう要求していることは分かった。他の車を持っていった日本兵から受け取った所有許可証を見せたが、何の効力もなかった。即座に破かれ、散々悪態をついた挙げ句に踏みにじられてしまった。車のキーを渡すほかなかった。

しかしバーはそれまで毎晩、小さいが極めて重要な部品をエンジンから外して車を動かなくする細工をしていた。この点についてはふれなかったので、エンジンをかけようとするジャップの懸命の努力は無駄に終わった。ジャップは諦め、ついに立ち去っていったが、一時間もしないうちにけん引ロープを持って軍用トラックで戻ってきた。私たちの車は遠慮なしに持っていかれてしまった。二、三日後、私たちのシボレーを見かけたと友人から聞いた。日本人知事を乗せ、ボンネットに大きな旗を翻して走っていたという。何の慰めにもならなかった。

当初、忠誠心を勝ち得えようという観点から、地元住民には礼儀正しく、思いやりを持って接するよう日本軍は指導された。しかし最高司令部のこの方針は、下級兵士のレベルでは必ずしも守られなかった。占領初期の頃もその後続いた数年間と同様、人も財産も残忍な略奪者の手から逃れられなかった。この頃、若い女性や少女を絶えずおびやかす最大の危機があった。酒に酔い、情欲に駆られた日本兵は誰も彼も危険だった。しかもたちの悪いことに日本兵のやり口は周到、かつ計算尽く。そのため、不運な犠牲者は何の前触れもなく捕えられ、連れ去られた。多くの場合、その後の行方はようとして知れなかった。

日本軍が通過した町や辺境の村、プランテーションなど、マラヤ全土でレイプがあった。若い女性が調達できないとなれば、年輩の女性とて安心ではなかった。しかし、さらわれたり、自分の家族の面前でレイプされたのは、多くの場合若い女性と少女だった。少しでも抵抗のそぶりを見せる男がいれば、端から銃剣で突かれるか、情け容赦なく虐殺された。でなければ捕縛され、近親の女性がレイプされる光景を見るよう強要された。ある町を日本軍が占領したとき、住民の運命は指揮官次第だった。治安が回復し、レイプが最小限となったケースもあった。しかし、指揮官からして兵士と同様に情欲的であるとき、レイプは日常茶飯だった。大きな町のほとんどで若い女性と少女が狩り集められ、「軍用」と称して複数の建物に拘留された…。

言うまでもなく、私は心配で居ても立ってもいられなかった。この頃、娘は二〇歳。かわいいオルガの身に何が降りかかるか知れないと思うと、気が気ではなかった。ついにオルガを変装させることにし、手始めに髪を短く刈りこんだ。こうする理由を娘は分かっていて、その必要性も十分自覚してはいたが、ウエーブのかかった美しい髪が地面に落ちるのを見て、娘は涙をこらえられなかった。夫の古いズボンをはかせて破れたシャツを着せ、顔に泥と炭をなすりつけた。日本兵が近所にいるときは何を聞かれても一切答えず、ただ下水溝を掃除するということにした。絶えず警戒しなければならなかった。ジャップは昼夜をおかず、どんな時間にでもやってくることが予想されたからだ。危険は去ったとある程度確信できるまで、こうした状況が三ヵ月近く続いた。ジャップから聞かれたときは、オルガは弟だと答えた——耳が聞こえず口も利けない上、重度の知的障害がある、と。ジャップは眉をひそめ、惨めな姿にちらっと目をやって顔を背けた。

私たちは毎日、シンガポールからのニュースを秘密で聴いていた。そしてある日、いつもの周波数にダイヤルを合わせたところ、バッテリーが反応しなくなってしまったのだ。どうなったのか疑いの余地はなかった。そのため、シンガポールが二月一五日に落ちたことを明確に知ったのは、陥落後一週間ほどしてからだった。ウィリアムとフランシス・ウィーヴァーのことが案じられた。フランシスの母親には「神を信じましょう」としか言えなかった。

ある夜、不安で疲れ果てて未来に希望が持てず、ぐったりとした眠りに就いていた。深夜、そっと足を叩かれたような気がして眠りから覚めた。目を開くと、目の前にイエスの聖心（イエス・キリストの人類に対する愛の象徴である心臓。宗教絵画では、後光で輝く燃える心臓として描かれる）の幻影が浮揺していて目がくらんだ。畏怖と愛の感覚に圧倒され、起き上がってベッドの横にひざまずき、つぶやいた。

「主よ、神よ」

そして神の声が聞こえた。

「わが愛し子よ、汝来るべき栄光のため、至上の犠牲を払う覚悟をせよ」

「主よ、私にはできません…」私はささやいた。

「できる。そうするのだ。神である私が告げているのだから。神は汝とともにありて、汝に力を授けよう」ものすごい恐怖を感じて、「主よ、私は至上の犠牲を払います。神の御名においてお誓いします」と答えていた。神の輝きの最後の光が消え、母が目を覚ました。

「誰と話してたんだい、ビル？」

「夢を見てたのよ、お母さん」そう答えた。本当のことを言って、母を怖がらせたくなかった。しかし神の御旨に適うのなら、喜んで死とも向き合わなければならないということは内心では分かっていた。神ご自身がお運びになってお告げになり、力をお与え下さったのだ。そして、前途に待ち受けている試練はすべて、究極的に人智を超えた神の御業の一つひとつなのだと知って力づけられた。この事があって、粗末な診療所の板壁にイエスの聖心の絵を掛けた。祈りの助けであり、診療代金の支払いを巡ってこの部屋で何度となく私たちを圧迫する拝金主義（お金こそが最上のものとしてあがめる考え方）を超越する世界を思い起こすためのものでもあった。絵には、より実用的な目的もあった。絵の後ろの板壁に穴を開け、絵を持ち上げれば気づかれずに外が覗けるようにしたのだ。

日本軍による支配が強化され、私たちの生活は増える一方の禁止と規制によって統治――理屈の上では――されるようになった。実のところ法令はあまりにも多くて複雑、その上ひっきりなしに変更された。そのため、最も熱烈なダイ・ニッポン支持者でさえ、自分は一切違反行為はしていないとはおよそ確信が持てなかった。どんな法令も恣意的に、容赦なく施行することが可能だった。

連合国の旗はどれも、そして蒋介石総統や総統夫人、他の連合国指導者の写真の所有は犯罪だった。王や女王の写真はすべて、両陛下やイギリス王室に関連するあらゆる書物や雑誌記事と同様に禁制品だった。こうした品は残らず処分するよう命じられた。その後はどの家も、いつ日本軍によって家宅捜索されるか知れず、「不忠」の書物や写真が発見された家の住人には災難が降りかかった！　蹴られたり、平手打ちされたくらいで済んだのなら運が良かったというものだ。しかし、日本軍がその犯罪を何か訳の分からない理由や、あるいは単に腹の虫の居どころが悪いといった理由で重大視したなら、拷問や死によって罰せられる恐れがあった。

「政治犯」とは次のいずれか――短波ラジオの所有・短波ラジオの聴取・噂を流布すること・ラジオのニュースについて話し合うこと・秘密結社とのつながり・反日感情、もしくは反枢軸国感情を持つ人物とのつながり・行政について不満を口にすること・物価高について公の場で不平を言うこと・地域代表についての辛辣（しんらつ）な物言い・政府協力者を笑いものにすること・イギリスやアメリカの通貨で取り引きすること・戦争遂行に影響を与える必需品を違法に商うこと――だった。こうした「犯罪」のどれかを疑われた場合、間違いなく拷問につながった。罪を犯したとなれば、遅かれ早かれ確実に死だった。

日本軍による犯罪捜査の手法は拷問が基本だった。先ずは拷問、次に捜査だった。そして常に、捜査以上に拷問だった。容疑者は通常、以下の拷問のどれかを経験した――くり返される激しい蹴り、殴打、平手打ち、ジュードー（柔道）やジュージツ（柔術）の投げ。服を脱がされ、ひどく出血するか気絶するまで続く鞭（むち）打ち。逆さ吊り、あるいは犠牲者を後ろ手に縛り、床にわずかに接っする両足の指先だけに全体重がかかるように吊るすという拷問もあった。そして「トーキオ（東京）ワイン責め」という「水責め」があった。これは、何リットルもの水を水道の蛇口からホースで犠牲者の喉に直接注入し、胃部に渡した板の上で激しく飛び跳ね、犠牲者の口や鼻など、穴という穴から水（たいていは血が混ざって）が出てくるまで続けるというものだ。そして、これで死ぬことがなければ、犠牲者は戸外に放置され、燃えるような日ざしにさらされた。これらに代わるものとして、手や足を焼くということが常に行われた。事実上、あぶり焼きにされたのだ。直腸への沸騰水の注射、手足の指の爪を引き剥がすという拷問もあった。そして、指や四肢の骨の引き延ばしや締めつけ、電気ショック、小石の上での正座が行なわれた。

これら拷問の一つか二つ以上を乗り越えた犠牲者はごくわずかだった。最も剛健な者だけが三つか四つ耐え抜くことができた。そして拷問を後押しするものとして牢獄の状況一つを取ってみても、どんな人間の抵抗をも打ち砕くのに十分過ぎるほどひどいものだった。

通常、一五人から二〇人が幅五・五メートル、高さ四・五メートル、奥行六メートルほどもない部屋に押しこまれた。部屋には頑丈な鉄格子のはまった換気用の窓が一つあるだけ。囚人は厚板の寝台で寝かされたが、厚板の割れ目には何千もの虫やシラミ、その他の害虫が巣食っていた。大小便のためにバケツが一つだけ用意されていたが、男たちといっしょに押しこまれた女性や少女にとっては最悪の恥辱だった。こうした状況で眠ろうとするのは、真の意味で気も狂わんばかりの責め苦だった。うろつき回るネズミや蚊、悪臭と汚れた空気、そして深夜のすきま風の身を切るような寒さとは別に、隣接する拷問部屋からはうめき声や悲鳴が度々聞こえてきた。食事は一日二回。野菜が少し入ったわずかばかりのご飯、あるいはタピオカ数粒かサツマイモが入った薄い煮汁だった。これらすべての非人間的な扱いの狙いは、犠牲者の口を割らせることにあった——本当であろうとなかろうと、誰か他人に罪をなすりつける何かを言わせることだった。

当初、現在の窮状は日本軍の勝利による一時的なものであり、民政（一九四二年七月から日本降伏までの軍政監部による政治と思われる）が軍に取って代われば状況は落ち着き、生活は以前と同じようになると考える人たちがいた。私はこれを信じなかった。そして、民政になれば事態は好転すると思うかと不安げに聞かれると、私は思っていることを率直に言った——上に立つのが同じ日本人なら、変わるわけがない。家族からはもっと用心するようにと言われた——軽率な発言は日本軍に通報されかねず、そうなれば残酷な罰を受けることになる、と。しかし私は、正しいと思うことを言った結果を恐れ、尻ごみするということはなかった。日本軍についての本当の気持ちを表明する自由を自ら奪ってしまうのはお断りだった。

実際、民政は呼び名が違うだけで、軍政（日本軍によるマラヤ占領から一九四二年六月までの軍政部による政治と思われる）と何ら変わらなかった。日本軍はイギリスの統治を再現しようと、マレー人文官——彼らは今や、地方行政官や行政長官になっていた——を利用した。しかし軍はなお全権を握っていて、軍の階級を持たない文官は軍で一番下っ端の二等兵に平手打ちや足蹴（あしげ）にされかねず、民政は事実上ほとんど実体がなかった。その結果、違反すれば殴打や投獄、あるいは死によって罰せられる恐れのある規則や規制が増える一方だった。

日本のマラヤ統治には主な目標が三つあった。経済を可能な限り戦前のレベルに回復させること、西洋文化の影響と日本文化を置き換えること、そして共産主義者の一掃だった。初期の段階では、労働者を地域産業に戻すことに力が注がれた。日本軍の爆撃や銃撃を恐れて避難していた人すべてが元の職場に復帰し、自宅に戻るよう命じられた。イポーにあるわが家と診療所はしかし、日本軍の衛生隊に接収されていた。この事はイポーに戻らない口実になったので、接収は大歓迎だった。パパンには常駐の部隊がなく、分遣隊がやってきて財産を奪ったり、人を連れ去っていく場合を除き、憎むべき日本軍から解放されていたからだ。そこで私は、この比較的荒らされていない環境にできるだけ長く暮らそうと決めていた。

文化面での最初の標的は英語だった。日本の教育方針には三つの主要目標があった。東アジアの共通語としてニッポン・ゴ（日本語）を普及させること、第二にニッポン・セイシン（日本精神）、要するに鉄の規律と権威への盲従を叩きこみ、テンノー・ヘイカ（天皇）への永遠の忠誠心を注入すること、そして第三に、若い世代を鍛錬し、精神的にも肉体的にも軍務や国家奉仕のどのような部署にも適合する大日本帝国の有用な臣民にすることだった。ニッポンの挨拶とニッポンの作法や習慣、そしてニッポンの歌謡を教えることが日課となった。また、集団訓練と勤労奉仕も盛んに行なわれた。ニッポン・ゴの上達には昇進や昇給という報奨が約束されたため、日本語は人生においてより良い将来への入口であるということが自ずと明らかになった。

英語は、もちろん使用禁止。私たちのように日常的に英語を使っている人間は、代わりにマレー語で話すことになった。イギリスとアメリカのレコードは禁制となり、若者が日本の歌を歌っているのを方々で目にするようになった。数ヵ月前までは口笛で吹いたり、歌ったりしていたハリウッドの最新ヒット曲（一九三九年のミュージカル映画『オズの魔法使い』の劇中歌"Over the Rainbow"などのこと）はどこへ行ってしまったのか。西洋の握手は日本のお辞儀に取って代わられた。

日本軍が展開するどこにおいても、共産主義者は最も手強く、最も組織化された敵だった。マラヤから共産主義者の影響力を一掃することは日本軍の方針の最重要課題であり、その遂行に当たって、この国の不運な人々が味わわされた苦しみは言葉では言い表せない。

共産主義者と何か関係がありそうな人物の活動を監視下に置くという観点から、日本軍は全国民に住民登録を命じた。登録担当の役人と事務員がすべての町村に派遣され、一人残らず居住地で登録させられた。あらゆる移動が取り締まりの対象となり、すべて許可が必要だった——午後、パパンからイポーに出かける（現在、車で三〇分ほどの距離）ことでさえもだ。これは腹立たしい制約ではあった。しかし、すべての反共産主義者対策の中で最も恐ろしかったのは、「スッチン」（粛清（しゅくせい））という容疑者探しの行列（アイデンティフィケイションパレード）（駆り集められた住民は列を作らされ、容疑者を知る人物の前を歩いて首実検された）だった。何の予告もなく、ある特定地域の全中国人が屋外に出るよう命じられ、続いて適当な広場に追いやられた。例外はなかった——男と女、年寄り、母親の腕に抱かれた赤ん坊、健康な者も病人も家畜のように駆り集められた。運が良ければ、行列は数時間で終わるかも知れない。しかしその一方、長引いて二、三日以上になるかも知れないのだ。そうした場合、不運な犠牲者の状況は実に悲惨だった。太陽に焼かれ、雨に打たれ、夜風に震えながら日本兵の残忍さにさらされた。時には、何日もぶっ通しで自分が最初にいた場所からわずかに動くことさえ許されず、こうした仕打ちで体の弱い人が大勢命を落とした。

しかし、最悪だったのは恐怖と不安だった。何の理由も告げられないまま、多くの人が連れ去られた。犠牲者が屈強な若者だったときには、力仕事ではないかなどと噂されたが、彼らが再び戻ってくることはなかった。年齢や男女の別に関係なく、共産主義シンパや共産主義活動の嫌疑で誰もが捕えられる恐れがあり、戻ってきたときには——運良く戻ってこられたとしても——、体中が拷問の傷痕だらけだった。

日本統治の初期、大東亜という日本軍の口車に乗り、情け深い日本軍の指導の下で新しい未来を心から待ち望む人がマラヤには大勢いた。こうした人たちは征服者が本性を現して凶暴な野蛮人であることが明らかになると、ほどなくして我に返った。

第四章

慈悲の心のかけらもない

ひと度(たび)占領地域の支配が確立されると、日本軍は立て続けに布告を出した。その一つが、ラジオすべての引き渡し命令だった。人々は、ある特定の日までにラジオを警察署に届けるよう通告された。その後はどの家も、日本の軍警察による突然の家宅捜索を受けるかも知れないのだ。ラジオが見つかったとなれば、持ち主は逮捕されてその場で処刑されてしまう恐れがあった。そこでバーは、広く国中の出来事をパパンの私たちに伝えてくれた彼のラジオを警察署に持っていき、公式の受領証を受け取ってきた。イポーに置いてきた私自身のラジオは、現在わが家を占拠している日本軍がたぶん世話を焼いてくれるだろうから安心だった。こうして私たちは、情報の途絶した状況に耐えることになった。

しかし時がたつにつれ、外の世界がどうなっているのか知りたいという欲求は募るばかり。他の人も多くがそうだった。すべての希望が潰(つい)えるのを前にしても勇気を持ち続けることができたのは、日本軍の勝利は長続きせず、やがて自由は戻ってくるという信念があったからこそだ。日本軍はその言葉通り、侵略をちらつかせてオーストラリアとインドを本当に威嚇しているのだろうか。それとも潮目はすでに変わっていて、連合国軍が勝利の波に乗って押し返しているのだろうか。知らないというのは、ひどく苦痛だった。

やがて電力供給システムが復旧し、今や世界の動きを知るにはラジオを手に入れるかどうかだけなのだと思うと、じっとして居られなかった。ある晩、この話題を持ち出した。

「また電気が来たってことは大きいわよね。違う?」

「ええ、本当にそう」一人が言った。「石油ランプで我慢しなけりゃならなくなるまで、電気のありがたみなんて気がつかなかった」

「それ以上の意味があるわ。ＢＢＣがまた聴けるってことよ!」

一瞬、静かになった。そして一斉に抗議の声——「ミセスＫ!—ビル!—母さん!—それは駄目よ。—分かってるでしょ、それがどういうことかって！」。

「どういうことかは分かってる。それに、その危険を冒す価値があるってことも分かってるわ。聴いて。一番つらいのは、海外にいる友人がどうなってるのか知らないってことよ。自由世界から切り離されていて、これじゃココナツの殻の下のカエルと同じじゃない。ジャップが伝えたいことだけ知ってるに過ぎない。嘘か本当か見分けはつかない。でも、ラジオは真実を伝えてくれる。真実って、私たちみんなにとって希望じゃないかしら」

最終的には、ラジオを手に入れて家に据え、友人たちにニュースを広めるということで意見が一致した。事は最大限慎重に運ばなければならず、家の誰もがそれぞれ役割を担うことになる。

私は、信頼できる人たちにこっそりと問い合わせ始めた。間もなくして、パパン在住の中国人、近隣のウォンさんがラジオを譲ってくれそうだということを知った。ウォンさんに会い、ラジオを引き継ぐことで話がまとまった。代金は要らないと言う。ラジオの入手先については聞かなかった。真空管が六つある、ＧＥＣ（ＧＥＣはGeneral Electric Companyの頭文字。ゼネラル・エレクトリック・カンパニーはイギリスの電機メーカー）の立派なものだった。

ニュースはウォンさんに知らせることを約束したが、そのニュースをさらに広めることについては細心の注意を払うということになった。こうしてある晩遅く、裏の木戸にラジオが届いた。すぐに「ジョゼフィン」と命名された。これ以降、私たちは安全のために常に「ジョゼフィン」と呼んだ。

ジョゼフィンは人目につかなくて湿気の少ない二階に持っていき、できるだけ上手く隠すようにした。まず、製造番号札のついた、大きな木製カバーを取り外した。次にそれを細く割り、台所の火で燃やした。イヤホンがあったので拡声器は取り外し、家の横の庭に隠した。こうした作業でジョゼフィンはずい分と小ぶりで目立たなくなり、部屋の隅に無事仕舞いこまれ、頭陀袋（ずだぶくろ）や本箱、食糧品の間に隠された。私たちは真空管も取り外して毎日違う場所に隠し、聴くときにはもう一度セットし直した。隠し場所が分かっている私たちだけがニュースを聴けるようにするためだ。こうすることで、仮にジョゼフィンがジャップに発見されても、ジョゼフィンは壊れていて使い物にならないといった言い分がもっともらしく聞こえることを願った。そんな言い訳が通用するだろうという当てはあまりなかったけれど、用心するに越したことはないという思いからだ。

電気の専門家のバーがジョゼフィンの担当になった。臨時調剤師としてのバーの仕事は手のかかるものではなかったので、聴いていたのはたいてい彼だった。ＢＢＣニュースを聞くのは一日一回だけ。あまり頻繁に聴くのは賢明ではないと考えたからだ。ニュースは信頼できる友人や患者さんに伝えたが、情報の出どこを尋ねる人はいなかった。

ジョゼフィンの存在については、できるだけ身近な人だけの秘密にしておこうと決めていた。この点、ラトナムさんが家族を連れてイポーに引っ越していたので、少し安心だった。彼は元の発電所の仕事に戻り、今では日本軍の下で働いていた。家賃の支払いを条件に家を私たちに引き継いでいったのだ。わが家ではこの頃、中国人のお手伝いさんを二人雇っていた。二人はパパンに住んでいて、夜は家に帰った。もしも彼女たちがジョゼフィンの存在に気づいたら噂話でしゃべってしまうかも知れず、明らかに危険だった。結局、自分たちだけでは二階に上がらないという申し合わせをして、切り抜けることができた。ジョゼフィンが気づかれないよう、常に誰かがそれとなく見張っていた。ジョゼフィンの拡声器と替えの真空管いくつかは、最終的にはバーが苦労して掘った庭の穴に隠された。穴の内側はセメントが塗られて部品が汚れることはなく、十分に乾燥した状態が保たれていた。穴の位置はよく考えて選びはしたが、庭の世話に当たっている中国人二人のどちらかが偶然気づくかも知れず、安心はできなかった。

ジョゼフィンは確かに大きな負担で、深刻な不安の種だった。見つかれば、間違いなく私たちのうち何人かの拷問や投獄を意味したことだろう――たぶん死さえも。日本統治初期の頃のニュースは勇気づけられるという点からはほど遠いものだった。しかしＢＢＣアナウンサーが連合国側の成功や失敗を誇張することも矮小化（わいしょうか）することもなく冷静な声で報じるのを聞くだけで、私たちの誰もが元気づけられた。自分たちだけではないということ――一時的に切り離されてはいるが、私たちの知っている世界はまだ存在しているということをＢＢＣは絶えず思い出させてくれた。知るということで、真実と正義の最終的な勝利への信念は強固なものとなった。

第五章

慈悲の心のかけらもない

日本統治下、密告者がいたるところにいて、いたるところで憎まれ、恐れられていた。「共栄」やアジア民衆の解放といったあらゆる掛け声の割に、日本軍はマラヤの人々の支持を真剣に勝ち得ようとする努力はほとんどしなかった。支配は恐怖が基本だった。中国人に関する限り、特にそうだった。忠実な支持ではなく、敵意を予見しているかのようだった——中国での紛れもない侵略の前科を考えてみれば、事はマラヤでも同じだろうと日本軍が踏んでいたのも無理はない。丘陵に潜（ひそ）むゲリラのほぼすべてが中国人だった。中国人社会は日本軍の戦争資金として多額の献金を供出し、征服者のために祝宴を開いてご馳走でもてなし、要求は何でも喜んで飲むかに見えた。しかし、ジャップは騙（だま）されなかった。実のところ、中国人が怖かったのだ。その恐怖の裏返しが残酷な迫害や絶えることのないスパイ活動だった。日本軍が断固として信じていたのは、中国人は日本軍を恐れるべきで、その恐怖によって中国人は従順でありうるということだった。日本支配の残忍な特徴である公開処刑は、この事に起因している。

日本軍のやり方は、ある程度まで成功だったことは否（いな）めない。人々の口の端に上る話題について情報を得るべく彼らが頼りにしたのは、広く暗躍するスパイや密告者の情報網だった。スパイや密告者は見返りとして、報奨金だけでなく権力や特権にもあずかることができた。証拠は必要なかった——逮捕にあたっては嫌疑だけで足りた。残りは拷問が何とかした。その結果、中国人の生活は危機的な状況にあった。たとえ法を犯していなくても、そしてジャップに対して批判めいたことを口にしていなくても、誰か自分に恨みを持つ人間が虚偽の通報をするのではないかという不安が常にあった。報告があったとなれば、たとえ軍当局はまともに取り合わないにしても、少なくともしばらくは監房でつらい時を過ごし、激しい殴打に耐えてもらおうということになった——念のためにだ。どんなに気をつけていても、反日と受け取られかねない会話や行動に巻きこまれないようにするのは容易ではなかった。また、友人や同僚が自分自身、もしくは自分の家族に対する拷問や殺害のおどしを受け、仲間を裏切るかも知れないという危険が絶えずあった。要するに、何ら疑わしくない言動でさえ最悪の事態につながりかねないというとき、誰を信じたら良いのか誰にも分からなかったのだ。疑心がそこら中に転がっていた。

日本軍は、密告者、すなわち「諜報員」を大量動員するためならどんな手段も辞さなかった。密告者は、あらゆる民族――中国人、マレー人、ジャワ人、バンジャル人、フィリピン人、シャム人、インド人、セイロン人、そしてユーラシア人――から集められた。人力車の車夫だったり、ウエイターやウエイトレス、コック、メイド、キャバレー嬢、メッセンジャー・ボーイ、電話交換手の女の子などだった。カフェ、ホテル、遊興・娯楽施設など、あらゆる人混みに密告者が潜んでいて、人々は気の休まることがなかった。いつ何時、見えない手や見知らぬ人から不意の一撃がくり出されるか知れなかった。友人が友人を裏切り、息子や娘が親を売った…。

人は誰も信用しなくなった。パパンでは住民の圧倒的多数が中国人だったことに加え、町境のすぐそこまでゲリラの占拠地が迫っていた。ジャップは住民のゲリラとの広範な接触を知っていて、町には疑惑の念がとり分け重く垂れこめていた。

こうした状況にあって、ジョゼフィンが町で話題になることは何としても避けなければならなかった。分別があって信用できる、ごく限られた友人にしかニュースは伝えなかった。ほとんどがパパンから少し離れた地域に住んでいる人たちだ。

一九四二年の夏、ドクターはイポーに戻ることにした。それ以前、なぜ布告に従ってイポーに戻らないのかと当局から問われ、家が日本軍の衛生隊にまだ占拠されているから、と答えることができた。そしてそれっきり、何も言ってこなかった。しかしここに来て、まだ入手可能な薬品の価格が高騰し、資金が底をつき始めていたのだ。パパンの患者さんの大部分が極貧層で、診療代金を請求できないという事情もあった。イポーに戻ることによって、たとえ新しい診療所を見つけることになっても、ドクターは必要に十分足るだけの収入を得ることができるだろう。得られる収入については理解していたが、私としてはその案が気に入らなかったので夫を説得しようとした。しかし夫は折れず、娘のオルガも父親と同意見だった。

養子の息子ウィリアム・ピレは、シンガポール陥落から少しして帰ってきていた。しかし落ち着いた生活が嫌いな息子は、どこかよそに仕事はないかとすぐに探し始めた。ウィリアムはこの頃、自身の何か重要な仕事——についてはほとんど話さなかった——があって、イポーとクアラルンプール間を絶えず往き来していた。イポーにいるときは、夫やオルガといっしょにパパンに泊まりに来ることもあった。フランシス・ウィーヴァーも無事シンガポールから戻っていて、両親や弟とともに暮らしていた。フランシスは家事や庭仕事、診療所を手伝ってくれた。オルガは父親とイポーにいて、一日置きにいっしょに帰ってきた。二人がイポーに行っていていないときは、ドーンとバー、そして私がウィーヴァー家の人たちと家事の残りをこなした。

家族が別れて暮らすようになり、移動をどうするかが大きな問題になった。最終的には小型車——オースチン・セヴン——を首尾良く購入することができ、日本人がゴムから抽出した合成燃料の「ラバー・オイル」で走らせた。この車はまさに天の恵みで、信頼できる友人にニュースを伝えるのがずい分楽になった。毎週日曜日、私たちはバトゥ・ガジャの聖ジョセフ教会に行っていた。礼拝の後、教会の扉のところでコデロ神父や神父の友人に会い、最新のニュースを伝えたものだった——道の反対側にある軍司令部（平時には病院の産科病棟だった）の門衛のほとんど目と鼻の先でだ。

週に一度、イポーにも出かけた。末娘のドーンが女子修道院での公教要理（こうきょうようり）教室（カトリック教会が入門者向けに開く教室で、問答集を使ってキリスト教について学ぶ）に通っていたからだ。この機会を利用して、フランソワ神父と学校の修道士さんを訪ねた。修道士さんは住む家も仕事もなく、かなり苦労していた。彼らの学校の聖マイケル学院は日本行政府の州庁舎になっていて、聖マイケル教会主任司祭のフランソワ神父のところに寄宿するしかなかったのだ。私たちは毎週、果物や卵、野菜をパパンからフランソワ神父と修道士さんに持っていった——量は少しだけだ。パパンとイポー間の道路は車内を数回調べられるからだ。大量の食料品は疑われる元だった。食べ物だけでなく、彼らを元気づけるにはたぶんずっと必要なものも持っていった——ロンドンのＢＢＣ放送の最新ニュースだ。

蔓延する恐怖と疑念に取り憑かれていて、たとえ相手が修道士さんであっても緊張をすっかり緩めるということはなかった。ある日、ドイツの工業地帯を攻撃目標とするＲＡＦ（イギリス王立空軍）のつい最近の大空襲について詳しく話していると、ルーパート修道士が部屋に入ってきた。ルーパート修道士はドイツ人だ。なので話を中断した。すると、修道士長が静かに言った。「続けてください。ルーパート修道士を不安がる必要はありません」

「ドイツでは私たちの修道会は禁止されていて、私の居場所はもうドイツにはありません」私の疑念に気づいて、ルーパート修道士が言った。

ルーパート修道士はまず神に仕える人であって、ドイツ人であることは二の次なのだと知って、私は話を続けた。

別の日、思わぬ人がパパンを訪ねてきた。クリスだ。クリスとは一八年来の友人だったが、シンガポール陥落以降、彼のことは一切耳にすることがなかった。シンガポールでは政府のある部局に勤務していたので、ジャップが来る前におそらく島を出たのだろうと思っていた。

「シンガポールから逃げようと思えば逃げられたのに、何でそうしなかったの？　それにこの数ヵ月、どうしてたの？」

彼の答えは曖昧で、要領を得なかった。即座に疑念が湧き、用心しなければと思った。時間がたっても出ていく気配はなく、不安になった。夕方のニュース放送は一日のうちで大切なイベントだったので、聴き逃すことはできない。ついに単刀直入に聞いた。「いつ出発するつもりなの、クリス？　この辺りはジャップがとてもうるさくてね。もし泊まっていきたいんだったら、届け出る必要があるのよ。でも、あなたがシンガポールから来たってことはジャップに知られたくない」

「もうちょっとしたら行くから」としか彼は言わなかった。

クリスはずいぶん分長いこと友人だったので、よもやスパイだとは信じられなかった。しかし戦時にはそれまでにない妙なことが起きていたので、私たちの秘密に招き入れようとはしなかった。クリスがいる間は、ジョゼフィンは聴かないことにした。しかし最終的には、クリス自身がこの問題を解決した。彼はイポーでドクターに会い、ジョゼフィンの存在を知ったのだ。

最初、秘密がいたずらに明かされたことに腹が立った。しかし後に、クリス（彼は日々、命懸けで人々に真実を知らせようとしていた）といなければ安全、というわけではないことを私は思い知ることになる。彼は戦前、ロンドンの情報省の管理下にあるシンガポール情報局で働いていた。シンガポール陥落後は違ったかたちでではあったが、同じ仕事を続けていたのだ。クリスにはシンガポールとペナンにいくつか伝手があって、そこからラジオのニュースを入手していた。次に、そのニュースを影響力のある地元の様々な人物に知らせたり、シンガポール捕虜収容所のニュースに飢えた戦争捕虜や被抑留者に伝えることにも成功していた。地酒販売の仲介業者という肩書きで、北から南まで国中を自由に往き来でき、様々な人物と絶えず連絡を取り合うことができたというわけだ。これ以降、パパンはニュースの新しい情報源となった。クリスはその後の何ヵ月かの間に数回訪れ、その度に自身の情報を補完する最新のニュースを手に入れた。つまり、イギリス情報省は「地下」で機能し続けていたのだ。

第六章

慈悲の心のかけらもない

ジョゼフィンは、互いの接触はできるだけ避けたい二つの異なるグループに最新のニュースを提供し続けた。信頼できる友人からなる私たち自身のグループが一つ。もう一つはゲリラだ。ゲリラとの接触について話す、今がその時だろう。

イギリス軍がキンタ谷から退却した直後から、後方に残った兵士についての根強い噂があった。何千ものイギリス兵とオーストラリア兵が谷の両側の森林におおわれた丘陵に隠れているというもので、大勢の中国人の若者が日本の支配におとなしく従うより、これら兵士に合流する道を選んだと言われていた。こうした噂は日本軍の全占領期間を通じて絶えずあったが、後方に残ったヨーロッパの兵士の数は言われていたよりもずっとわずかで、そのうちのほんの一握りだけが危険なジャングルと敵の攻撃から生き延びたということが後に分かった。実のところ、ジャングルにおおわれた丘陵にはゲリラの大集団が潜（ひそ）んでいて、彼らを駆逐（くちく）しようとする日本軍のあらゆる攻撃に抵抗していた。しかし、ゲリラはほぼ例外なく中国人で、その数は中国人の若者の参加によって着実に増加していった。彼らは何らかの理由で、日本軍の手の届くところに残るよりも丘陵に逃げることを選んだのだ。

これらゲリラ集団は、日本軍にとって頭痛の種だった。ゲリラは通常の戦闘を実に巧みに避け、秘密のゲリラ戦のようなものを練り上げた。可能な範囲で日本軍の支配に抵抗するよう人々に呼びかけたり、監視の目がないときには打って出て、名うての密告者や悪徳警官、そしてそのへつらいが度を越えている日本の体制支持者を殺害した。日本軍はジャングルにあるゲリラの潜伏場所に対して見事な布陣を張って出動したが、日本軍が豪語するほど戦果ははかばかしいものではなかった。時折、トラックの車列がすさまじい音を立ててパパンを通過し、町外れで止まった。そこは丘のふもとで、道は行き止まりだった。ずんぐりした粗野な感じの兵士が、使命感と決意のほどを見せつけるようにトラックから飛び下りた。兵士の長い列は曲がりくねりながら、ジャングルにおおわれた丘の斜面を登っていくにつれて見えなくなった。次の二、三日間、散発的な——時には激しい、時にはあちこちで——銃声が聞こえた。その後、兵士が一列縦隊で再び現れ、今度はそれほどさっそうとした様子はなく、急ごしらえの担架でかなりの数の亡骸(なきがら)を運んでいた。日本軍の宣伝機関が「共産主義者」に対する新たな勝利を宣言したが、数日のうちに別の密告者や利敵協力者が殺害され、敵がまだ丘にいることを日本軍は思い知らされるのだった。

ゲリラは食糧や衣服だけでなく、日本軍の動向についての情報も近隣の町や村の中国人が頼りだった。日本軍はそれを知っていて、捕えたゲリラ協力者に対して容赦しなかった。ゲリラを支援し、情報を流しているのではないかと日本軍に疑われたら最後、知っているすべてを拷問で吐き出したと軍が納得しない限り、生きて帰れる望みはなかった。

ある日の晩、玄関先の長椅子に座っていたドクターが、イポーに戻る少し前になって家に入ってきた。近所の中国人の若者といっしょだった。若者はイポーで学校の先生をしていたが、今はパパンの家族のもとに帰っていた。

「ビル、ティエンフック（天福）に助けが要るんだ。私としては手を貸してあげたいが、どうするかは君の方で決めてくれないか」夫が言った。

「えっ、何の話？」

少しの間、ティエンフックは口を開かなかった。明らかに、私が信用できるかどうか量(はか)っていた。そして、「ゲリラのことなんです、ミセスK」と彼は言った。「病人や負傷している人がいて、薬が必要なんです。奥さんがジャップを嫌っていることをゲリラは知っています。助けてもらえますか」

決めるのに時間はかからなかった。ゲリラのやり方には賛成できないところもあったが、これは戦争だ。ゲリラは共通の敵と戦っているのだから、私にできるどんな支援も最終的な勝利に貢献することになる。

「一時間くらいしたら、もう一度来て。用意しておくから」

ティエンフックが戻って――今度は狭い道に通じる家の裏の木戸から――きたとき、別の中国人を連れていた。無口で、がっしりした体つきの中年の男だった。私たちはこの男にブラニー（マレー語で「大胆不敵」の意）というニックネームをつけ、彼を引き合いに出すときはいつもそう呼んだ。後になって知ったところでは、「大胆不敵」はゲリラが最も信頼する連絡員だった。

ブラニーは私たちとゲリラをつなぐ要となり、薬品の補充やニュースを求めて頻繁にやってきた。しかし、必要なこと以外は一言も口を利かなかった。

丘のゲリラ司令部から伝言があったり、何か受け取るものがあると、いつも家の裏木戸に現れた。しかし私たち自身、彼とはどこに行けば会えるのか、いつやってくるのかはよく分からなかった。私の方でゲリラに伝言を送りたいときは、ブラニーや別の連絡員との連絡方法を知っているティエンフックを通してそのことを伝えた。ティエンフックはわが家に絶えずやってくるようになり、すばらしい友人になった。彼にはモルというニックネームをつけた。中国人には珍しく、水牛の酸っぱい乳（タミール語でモル）が好きだったからだ。

モルは、ブラニーとはずい分違ったタイプだった。勉強熱心な性格で、パパンでは英語が話せるごくわずかな中国人の一人だった。彼はイポーの大きな官立英語学校での教育を修了し、教師として一歩を踏み出したその矢先、日本軍がやってきたのだ。教師の道を中断され、パパンに戻ったというわけだ。ゲリラはモルが英語を話せることとその西洋的な物の見方や考え方を知っていて、ドクターと私に接触する糸口を探りたかったことから協力を求めたのだ。

モルがわが家に居続けることの言い訳から、ドーンに英語――表向きは中国語の先生として来ていた――を教えてもらうことにした。また、彼にはジョゼフィンの存在は教えないこと、さらにニュース放送も伝えないことを徹底した。丘のゲリラにニュースを伝えるのは、常にブラニーだった。私の秘密活動を知っている二つのグループをできるだけ別々にしておくことが私の方針だった。ある人が別の人に罪を負わせてしまう危険性を最小にするためだ。

中国人は排他的なことで有名で、中でも貧困層はよそ者に対して疑い深い。読者は、私がこれまで説明しようとしてきた疑念に満ちた社会状況にあって、パパンではごくわずかな非中国人家族の一つである私たち（カティガス家はインド系）にどうして中国人ゲリラが近づこうとしたのかと不思議に思われるかも知れない。それはある意味、私たちがまさに周囲の状況によって、町の人たちから信頼を得ていたからに他ならない。「共産主義分子」を匿（かくま）っているのではないかと日本軍から睨（にら）まれている家に立ち寄るのを見られただけで結果的に悲痛な死につながりかねず、町の人たちは日々の接触に極めて用心深かった。

しかし、わが家は例外だった。毎日、大勢が診療所に詰めかけたので、家を訪ねたのでは変に勘ぐられかねない人とここで「偶然」出会い、話をするということはあながち起こりえないことではなかったからだ。加えてドクターと私は仕事柄、あちこち自由に飛び回ることができた。ドクターがイポーに戻ったときにわが家は自動車を買っていて、その車で私自身、要らぬ関心を呼ぶことなく出産に立ち会ったり、他の緊急の電話が入ったりでかなり走り回っていた。

すべてのユーラシア人同様、私も自分の名前と登録番号（私の番号は一二一）が記（しる）された紅白の腕章をつけていた。この腕章の目的は、警察と日本軍が私たちをヨーロッパ人から区別できるようにするためだった。ヨーロッパ人が捕虜収容所から逃亡したり、ジャングルから出てきて地元住民の中に紛れこもうとするのではないかと考えられていたのだ。実際、腕章は一種の職業証明書、ないしは公式の通行証としての役目を果たした。私の腕章と番号は地域でよく知られるようになった。道路を封鎖する警察の検問で止められても、腕章を見せて出産の立ち会いにいく途中だと告げるだけで、直ちに「行け」の合図が出た。

七四番地には誰もが怪しまれずに立ち寄ることができたということ、そして私が好きなだけ自由に動き回れたということがあって、わが家が地元のニュースや伝言、警告などの情報交換の場のようなものになるという結果を生んでいた。町の人たちが私に信頼を寄せてくれたもう一つの要因はたぶん、私が広東語（かんとん）を流暢に話すことができ、いくつか他の中国語方言でも理解し合えたからだろう。この事は、ほとんどずっと中国人だけのコミュニティーで暮らしてきていてマレー語を話せても少しだけ、あるいは全然話せないといった、マレー語が不自由な中国人に対応するに際して大きな強みだった。

政府が、できるだけ野菜を植えて育てるようにと強く呼びかけた。そこで、モルがわが家に通うようになってからほどなくして、家の横の空き地を菜園にした。こうして私たちは「食糧増産」運動を開始したが、この菜園は収穫される野菜以上の価値があった。すでに述べたように、ブラニーがゲリラへの医薬品を受け取りに来るとき、決まって家の裏の木戸を使っていた。この木戸には裏道を通って行くのだが、空き地を挟んで表通りから丸見えだった。

私たちは地面を掘り起こし、豆やブリンジョル（茄子）、トウモロコシ、レタス、玉ねぎなどの野菜を植えた。その後、庭の三方の側（残る一方は家の煉瓦壁）に竹とパーム椰子の葉で高さ二メートルほどのフェンスを立てた。このフェンスの目的は、近所の人が放し飼いにしている山羊や鶏、その他菜園の野菜が目当てのありがたくない客が庭に入るのを防ぐためだった。しかしまた、家の裏にやってくる人の姿を表通りから遮断して見えなくするという役目も果たしていたのだ。ジョゼフィンの替えの部品を埋める穴を掘ったのもこの庭だ。庭の世話をするために二人の作業員――脚気が治った中国人の患者さん――を雇ってはいたが、私たち自身も庭で何がしかの仕事をすることにしていた。これは、ジョゼフィンの隠し穴を開く必要が生じたときに疑いの目で見られないようにと願ってのことだった。

政府の勧告に応えて、そして米や他の食べ物が不足して高値になったことから必要に迫られ、町のほとんど誰もが園芸という慣れない仕事を多少なりともし始めた。そのため、野菜栽培の話題は皆が夢中になり、友人宅を訪れた際には菜園を褒めるなどして、作物のでき具合について話すのが習いとなった。町の友人の中では、私たちが米その他を買っていた食料品店経営のフーキーが特に熱心な園芸家だった。彼はほぼ毎日、夕方になるとたいていは奥さんか義理の弟さんといっしょに散歩して時間を潰し、菜園について意見を交わしていた。フーキーは店にいながらにして、あらゆる種類の地元ニュースや噂を自然に耳にしていた。そして、私たちが庭の豆の畝をゆっくり歩いていたり、一際見事に育ったトウモロコシの一画で立ち止まって見とれていたりすると、そのニュースを知らせてくれたものだ。これは私にとって、最も有益なつながりだった。ブラニーが家にやってきたとき、ゲリラが関心を寄せるだろうと思われるニュースを伝え忘れたことはない。日々商いをする中、フーキーの店に様々な情報が集まるというのは驚きだった。パパン地域での日本軍による大がかりな作戦行動について、ブラニーを通してゲリラに警告できなかったことは一度としてなかったと記憶している。

ある日の晩、大きくよく育った茄子についてフーキーがあれこれ言った後、アーカウを知っているかと聞いてきた。

「それって、ハン・アーカウのことかしら」私は尋ねた。「ドン・ファンって呼ばれているあの人？」

「ああ、そいつだ」

「彼がどうしたの？」

「ジャップが逮捕しようとしてるんだってさ。ゲリラを支援してるって、誰かが通報したんだ。本当かどうかは分からないが、そういう話だ。オクラがちょっとひ弱そうだな。何か肥料をあげてるかい」

話していて、少し不安になった。フーキーはいつでも歓迎だったが、ジョゼフィンの存在やゲリラとの接触のどちらの秘密も彼に明かすのは賢明だとは思わなかった。彼がドン・ファンについてふれたのは、お前の秘密はお見通しだと暗に仄めかしてのことだったのだろうか。それとも罠か何かか。少し迷ったが、思い過ごしだろうと考えた。大方、フーキーはドン・ファンに警告したかっただけなのだ。しかし、自分で探すとか、家の誰かを探しにやるというような危険は冒したくなかった。私ならドン・ファンに知らせることができるのではないかと期待してやってきたのだ。ただ、話を聞いて一歩踏み出すか、あるいは無視するかは私次第という点を明確にするには、言い方が曖昧になってしまったのだろう。結局、ブラニーには何も知らせず、できればドン・ファンに警告してあげることにした。

ドン・ファンについて個人的には知らなかったが、姿を見かけたり、評判を聞いたりしてよく見知ってはいた。それに、町の反対側のどこに住んでいるかも知っていた。彼は、それまでに目にした中国人の中で飛び抜けてハンサムだった。色白で顔立ちが良く、背も高くてがっしりとした体格の、生まれながらのスポーツマンだ。日本軍がやってきたとき、あらゆるスポーツ競技で活躍したイポーでの学校生活を終えたばかりだった。性格は全然悪くないと彼の友人は断言したが、二枚目であることと人並外れた運動能力をたぶん鼻にかけていて、自分のことを完璧なレディー・キラーだとうぬぼれていた——これがニックネームの所以だ。

朝一番で、ドミニクに薬をひと瓶持たせてドン・ファンの姉のところへ送り出した。幸いにも、ドン・ファンの姉が診療所でおできの治療を受けていたのだ。薬に添えて、七四番地に至急来るようにとドン・ファン自身への伝言も送った。

ドン・ファンが現れ、できるだけ目立たないように直ぐさま家の裏手の小部屋に引っ張っていった。

「聴いて。あなた、ジャップから指名手配されてるのよ。すぐにペラを立ちなさい」

彼は何も言わず、ただ目を見開くばかりだった。

「どうして私が知っているかは心配しないで、信用して。無駄にしている時間はないの。できるだけ早く立ちなさい」

「シンガポールでいいかな？」

「遠いほどいいわ」

「ありがとうございます、ミセスK。俺、何て言って——」

「礼はいいから。一刻を争う状況なの。さようなら。そして幸運を」彼を家の外に送り出した。診療所に来た言い訳にと、姉への錠剤の袋を忘れずに持たせた。

後にフーキーから聞いたところでは、日本軍はドン・ファンの家へ行ったが留守と知り、家族への事情聴取だけで済ませたという。やってきた理由を告げずに引き揚げたそうだ。ドン・ファンの出発から間もなくして、ドン・ファンの友人で、かつての学友キムルンがシンガポールに行ってドン・ファンに合流したことを知った。ブラニーが時々、キムルンのところへ行っていたことは知っていた。思うにキムルンは、ドン・ファンが逃げたのと同じ理由で怯（おび）えていたのだろう。

第七章

ドクターが再びイポーで仕事をするようになり（接収されていたブルースター通りのわが家にようやく戻れたのは、数カ月してからだったが）、収入が再び増え始めた。このことは、表向きは手に入らない医薬品が購入できることを意味した。実際には他の多くの商品同様、大口でなら闇で入手できたのだ。まったく手に入らない医薬品も確かに何種類かはあったが、一般に必要とされるものについては本当の意味での品不足はなかった——言い値で支払えるならの話だが。ドクターは十分過ぎるほどの医薬品を買い揃えて常にパパンに備蓄し、イポーには少量だけ持っていっていた。こうして私は、例えばキニーネのような薬をどうにかゲリラに供給し続けることができた。キニーネは最も必要とされていて、最も投与しやすかった。

ある日、ブラニーが別のゲリラ——ブラニーの話では司令部の医療部門責任者——を連れてきた（ブラニー自身は、イポーの先にある丘陵の、辺ぴでかなり荒涼とした地域に置かれた方面司令部の配下に入っていた）。この男は中国医療（漢方医学）の経験があり、政府の病院で看護師をしばらくの間やっていたことで現在の任に就いていた。男に注射の仕方をやって見せ、求めに応じて皮下注射器数本と様々な薬品を渡した。

ブラニーを通じて医薬品を送っていただけでなく、治療を求めて診療所にやってくるかなりの数のゲリラも普通の患者さんに交じって手当てしていた。診療代金が払えるときは払ってもらった。最初、誰がゲリラなのか分からなかった。しかし少しして、顔が奇妙な緑色を帯びていることから何人かは見分けがつくようになった。これは、木々の肉厚な葉を透過した太陽光線を浴びるジャングルでの生活が原因だった。

ゲリラに、こちらから支払いを求めることはなかった。彼らの病気は大方治療が簡単で、送っている生活から予想できるものだった。半分以上がマラリア。残りは熱帯性潰瘍、疥癬、その他の皮膚病、そして脚気だ。最初、ビタミン不足が原因の脚気は問題だった。ビタミンの錠剤がなかったからだ。しかし精米後の「残りカス」から練りものやお粥（かゆ）のようなものを作るようになり、これが驚くほど効いた。

そしてある日、モルがまるで違う性質の症例について知らせてきた。ブラニーからの伝言を持っていた。三週間ほど前の戦闘でゲリラが一人負傷し、ひどく具合が悪い。助けてもらえるか。できることはしますと承諾した。その晩、詳しい説明と必要な準備のためにブラニーが家にやってきた。

ゲリラは足に銃傷が二ヵ所あることが分かった。一つは大腿部、もう一つは足首だ。いずれも銃弾はまだ残っていて、大腿部の傷は何ら問題ないが、足首の傷はかなりひどい状態で痛みが激しいと言う。高熱が出ていて、医師の助けなしではそう長くはもちそうにないということだった。ブラニーの話から、足首の傷が急性敗血症を発症し、毒素が体内をゆっくり回っているのだろうと推察した。生きるためには、急ぎ何か手が打たれなければならないのは明らかだ。そこで、そのゲリラがどこにいるのかブラニーに聞いた。聞いて、愕然とした。負傷した男はセプテ――パパンと同じ小さな鉱山町で、丘が連なる同じ山脈深くに位置する――の奥にある小屋にいるのだ。優に一〇キロはある。険しい山道を担架で運ぶ――悲惨な状態の男にはとても耐えられないだろう――以外にどうやってパパンまで連れくるのか見当がつかず、失望感でいっぱいになった。

日本軍は、ゲリラが町や村から支援を受けるのを全力で阻止しようとしていた。丘陵地での戦闘の後、特にゲリラ何人かが負傷したとの報告があってからは警戒が一段と強化されていた。道路はすべて見張られ、方々に設けられた検問所では警察の強力な分遣隊が通過する全車両を厳重に調べていた。

病院や開業医は、医療上の罰則について改めて釘を刺された。銃傷、あるいは銃弾によると思われる傷の治療で来院した患者については、当局への報告を怠ってはならないというものだ。こうした予防措置が、負傷したゲリラの生きる可能性を奪ったことは間違いない。もちろん、戦闘で負傷した仲間のためにゲリラ自らもできることはすべてした。しかし経験と必要な知識のない彼らの治療は、明らかに大雑把なものだった。

ブラニーの話を聞いていて、日本軍による犠牲者がまた一人出るに違いないと思った。しかし私は、ブラニーとその仲間の力を過小評価していたのだ。トラックでセプテから連れてくれば、いたって簡単だろうと言う。トラックには野菜を入れたかごを積み、その野菜かごで囲むように巣みたいなものを作ればいい。運転手には、車を停めた警官と話をつける自分なりの巧い手がきっとあるはずだ——いくらか握らせて、積み荷には目をつぶってもらうといったような手が。いずれにしても、その男が負傷した戦闘は三週間前のことだから、今では周辺地域での日本軍の警戒も緩んでるさ。こうして、トラックで翌日の午後（日中の移動なら不審を買うことはあまりない）、セプテから男を連れてくることになった。患者はその後、どこか町外れに匿い、夜の闇にまぎれて七四番地に運びこむ。となれば、私の方では七時半から八時の間に受け入れ準備をしておく必要がある。この頃にはブラニーのことは十分に分かっていて、自分の側で引き受けた仕事はその言葉通りやってのけるだろうと確信していた。私に託されたのは、この件のためにドクターを連れてくることだった。そこで次の日、車でイポーに出かけた。

　この頃、ドクターは毎日イポーで仕事をしていたが、週に二晩か三晩は診療所を閉めた後でパパンに戻り、翌朝出かけていくという習慣だった。今回、ドクターがパパンに来るのはいつもの日とは違うが、疑いを招くことはないだろう。診療所に行き、ドクターの治療が必要な緊急のケースがあるので、その晩はパパンにぜひ来てくれるよう話した。

「いいですよ、ビル。この最後の患者さんたちを診たら、すぐに出かけましょう。で、どんな具合なんですか」

「銃傷なの。ジャップとの戦闘で受けたそうよ」

　思っていた通り、この知らせはドクターにとって明らかに衝撃だった。私が手を貸してくれるよう求めている犯罪の罰則は死だということが頭を過ったのだ。

「危険性はどうかな、ビル？　子どもたちのことを考えてるんだけどね。私たちがジャップに捕まったら、あの子たちはどうなる？」

　用心に用心を重ねること、そしてブラニーを信頼している理由を説明した。ドクターはいっしょに来て、ゲリラの命を救うためにできることをしようと承知してくれた。

パパンには暗くなる少し前に戻り、負傷した男の受け入れ準備を万端整えた。ラトナムさんがイポーに引っ越していたので、台所の向こうの小部屋二つが利用できるようになっていた。手前の部屋は食堂として使っていて、もう一部屋は基本的にドーンの勉強部屋だ。今回、この部屋が手術室に改造された。使用人たちは町の自宅に帰っていて、すでにいない。わが家の住人は全員、見張りとして四方に配置され、急の客が居間よりも奥に入っていかないよう気を配った。

モルは裏道の向こう側、少し高いところにある自宅に陣取り、何食わぬ顔で玄関先をぶらついていた。そこからだと、七四番地の二階の窓にいるドミニクに合図を送ることができるのだ。七時半を回ってすぐ、裏木戸をそっと叩く音がした。木戸を開けると、拳銃で武装した中国人二人の姿があった。二人は、見るからに高熱の、憔悴（しょうすい）しきった様子の男を支えていた。私は男が長椅子に横になるのを手伝い、麻酔薬の準備をした。一方、ドクターは汚れた包帯をほどき、傷を調べた。武装したゲリラの一人は負傷した仲間に付き添った。もう一人は、同じように武装した他の護衛二人に合流し、家の外で目立たないよう配置に着いた。

大腿部の傷は何の問題もなかった。銃弾は筋肉の中に残っていたが、もう一週間もすれば、まず完全に治るだろう。銃弾を取り除き、傷に包帯をするのは造作ない作業だった。しかし足首は、大違いだった。傷はかなり腐敗している。洗浄してみると、銃弾が腱を引き裂き、小さな骨を砕いて足首の中ほどで止まっているのが分かった。銃弾はかなり深く食いこんでいて、まったく見えない。ドクターは探り針を使ってみたものの、ふれているものが鉛なのか砕けた骨のかけらなのか判別できなかった。

病院でならこの段階でX線の出番となるが、ここではその非常に有効な手立てなしで行なわなくてはならない。私の女性としての繊細な感覚がX線の代わりを果たせるのではないか、銃弾と骨の違いが分かるのではないかと期待して、ドクターは探り針を私に握らせた。二人してかなり探ったり、叩いたりした後、銃弾の位置を特定することができた。それ以降、銃弾の摘出は比較的簡単な作業だった。しばらくして負傷したゲリラの意識が戻り、仲間は彼を運び去った。

ゲリラは丘のふもとの小屋に泊まることになり、毎日治療に運ばれてきた。「手術室」をすっかり片づけ、何が行なわれたかが分かる痕跡はすべて消した。そしてひどく疲れてはいたが、神に感謝してベッドに入った。一つの命を救おうと全力を出しきったのだ。

翌朝、銃弾二つを瓶に入れて封をし、庭に埋めた。ドミニクが手伝ってくれた。庭の入口と家の煉瓦壁から埋めた場所までの距離を測り、また見つけられるようにした。

「どうして取っておきたいんですか、ミセスK?」ドミニクが聞いた。

「記念よ。イギリスが戻ってきたら、また掘り出すつもりなの」これが後に、足がつく恐れのない場所に銃弾を始末しなかったことを後悔する因となった。

手術は完璧に成功だった。パンジャン（ひどく痩せた状態のために、高い身長が一層際立ったこのゲリラにつけたニックネーム）はまだ、細心の注意が払われなければならなかった。峠は越えたとようやく確信できたのは何週間かしてからだ。その時でさえ、体力がつくのはかなりゆっくりだった。パンジャンは毎日、自転車の荷台に乗ってパパンにやってきた。彼の付き添いは知りたがり屋さんからの質問に、友人は町から遠いところで野菜農家をやっていて、発熱に苦しんでいると答えていた。傷口（大腿部の傷はすぐに治った）の包帯を毎日交換し、抗敗血症の注射を打った。私はまた、手に入る栄養価の高い食べ物を与え続けるようにした――卵や牛乳、バターか澄ましバター、果物、そして野菜などだ。ゆっくりとではあっても着実に回復していくのを見るという、そんな喜びがあった。私が逮捕された六カ月後の時点で、パンジャンはかなり足を引きずりながらも、歩くことができていた。

このことがあってすぐ、日本軍のパパンへの関心が高まった。そして二、三日のうちに二、三回、全住民が駆り集められて入念な検証が行なわれた。拷問が日本軍による取り調べの主要な手段だった。ゲリラと接触している男の尻尾を一旦つかむと、非道な悪知恵を働かせてその男に仲間を裏切らせ、次の関係者を吐かせた。そしてその関係者に対して、この同じ手口が再びくり返された。日本軍に逮捕されたら、遅かれ早かれ知っていることはすべて話してしまうとゲリラは現実的に想定し、独自の予防策を講じた。ゲリラに関係する誰かが逮捕された場合、その男が見知っている、あるいは罪を負わすことになるかも知れない人間は定石として全員、逮捕される可能性の高い一般住民対象の活動を中断してジャングルに完全退却するというものだ。

パパンに向けられた日本軍の新たな関心は効果を上げた。容疑者探しの行列が何回か行なわれた末、中国人の若者数人が連行された。その結果、ジャングルからの患者さんの治療は夜間のみとされた。通常、私が診ることになる患者さんの数、そしてその症状を記したメモ（はすぐに燃やした）は、ブラニーが昼間のうちに持ってきていた。患者さん自身の到着は、裏木戸を鋭く三回叩くことで知らされた。そしてこの合図は、午後八時頃を予測して待つようになっていた。病人には常に武装した護衛がついた。そしてパンジャンの時と同様、一人が家の中に残り、他は外に張りついた。パンジャンの手術をした奥の部屋は常時「小さな軍隊」（ゲリラのことを時々そう呼んでいた）のための外科と診察の部屋になった。

言うまでもなく、何が行なわれているかについて知らせるのは、できるだけ内輪に留めるようにした。家に出入りする人の中でこの秘密を知っていたのは、ブラニーとゲリラ自身を除けばモルだけだ。

末娘のドーンは心配の種だった。私が行くところはどこにでもついてきたがり、すべて私の真似をしたがったからだ。まだ幼過ぎてこの仕事の重要性も危険性も理解できないと感じていた。それに、もしもゲリラが来ていることを知ったら、人前で彼らや私のことをふとした弾みで無邪気にしゃべってしまうのではないかと怖かった。幸いにも娘は、ゲリラが到着する時間にはほぼいつもベッドに入って眠っていた。ところがある日の晩、待っている患者さんを診ようと奥の部屋に入っていくと、恐ろしいことにドーンがすでにそこにいて、ゲリラの膝に座り、拳銃と銃弾で遊んでいたのだ。ゲリラの配慮から弾倉は空になっていた。

「これって何に使うの、母さん？」部屋に入るなり、待ちきれない様子で質問が飛んだ。

「後で教えてあげますからね。でも、ここで何してるの？」

「母さんがここで何するのか知りたかっただけ」

ドーンはこの頃、まだ六歳になっていなかった。しかしパパンに来てからずい分大人になったようだった。私はすべてを明かすことに決め、娘の横にひざまずいた。

「ドーン、母さんのこと好き?」

「もちろん、大好きよ。母さん」娘は腕を私の首に回し、頬にキスした。

「ここに来るあの人たちはみんな、病気でお薬が必要な兵隊さんなの。ジャップから私たちを救うために戦ってるのよ。もしジャップに見つかったら、銃で撃たれることになるの。だから夜になってから来るしかないの。ここにいることは誰にも知られちゃいけないのよ。あの人たちがここに来るのを誰かに見られたら、ジャップに告げ口されるかも知れない。そしたら兵隊さんは銃で撃たれてしまう。そして、母さんも殺されることになる」

「母さんが殺されるんだったら、私も死ぬ」

「母さんのことが好きなら、ここで見たことは一言もしゃべらないって約束してちょうだい。この人たち、みんなのために戦ってるの。何があっても、殺されないようにしないといけないの」

「私、母さんのこと本当に大好きよ。絶対、誰にも言わない」

「それでこそ勇敢な、母さんの子ね。イエス様があなたを守ってくださるわ。これからは、母さんをいつも手伝ってね。一番小さな兵隊さんになるのよ」

「私、いつになったら銃を持てるの?」

「それは、また後でね」

これ以降、私はドーンにすべてを話した。ジョゼフィンについてさえもだ。こう決めたことで後悔したことはない。ゲリラが来ているとき、ドーンは度々部屋に入ってきた。そして、ゲリラ全員の大のお気に入りになった。

第八章

慈悲の心のかけらもない

新しい生活の仕方に人が直ちに順応できるというのは驚くべきことだ。この頃までに私たちは皆、日本の支配下でずっとパパンで暮らしてきたかのように感じていた。きつい仕事がたくさんあって、心配事も絶えなかった。しかし人は、時としてくつろがなくてはならない。その点、わが家はいつも楽しく、時に愉快でさえあった。私たちはほどなくして、自然に何もかもを受け容れるようになった。

夫はイポーで毎日仕事をし、週に四日は夕方に戻ってきてパパンで夜を過ごした。毎週火曜日と木曜日は夕方五時か六時に戻り、土曜日は少し早く戻った。そして翌朝八時頃、イポーに出かけていった。日曜日だけ、昼食に間に合って帰ってきた。診療所に来る患者さんの大部分は私自身が診ていたが、ドクターの診察を強く求める人たちもいた。医師の資格を持つ人を望むのはたいていお金持ちで、その恩恵に浴する分は支払ってもらった。ドクターはこうした人たちをパパンにいる朝、イポーに出発する前に診るのを原則としていた。彼の技術と経験が特に必要とされる他のケースについては、一日置きに戻ってくる日の夕方に対応していた。

午前八時から診療所が混み出すと、患者さんの診療で大忙しだった。加えて、出産の立ち会いが度々あった。たいていは近所だったので歩いて出かけたが、車でプーシンやバトゥ・ガジャ、あるいはイポーにさえ行かなければならないこともあった。同時に、家の仕事もし続けなければならなかった。家の住人全員にそれぞれの仕事があった。母だけが、高齢で衰弱していたので決まった仕事はなかった。

運が良ければ、診療所の仕事は五時までには終わった――パパンもよそと同様、医師と助産師は、「勤務時間外なので」とは言えなかったけれど。昼間の熱気が和らぐこの時間、庭仕事を始める人がいる一方、町の友人を訪ねたり、お客さんをもてなしたりする人もいた。わが家はここだけでなくイポーからも収入があり、近隣の大方の人たちよりも余裕のある暮らしができていた。また、パパンは小さな田舎町なので、時がたつにつれてイポーを悩ますことになる食糧不足の影響を受けることがなかった。

私は長いことまったくの菜食家だったが、わが家の料理人の手になる色々なおいしい料理が食卓にたくさん並んでいるのを見るのは好きだった。わが家では食卓にお客さんがいないということはまずなく、少なくとも一人は食事を共にする人がいた。もちろん、モルはいつもわが家に来ていた。他の常連客は「教授」とその奥さん、そしてシーク教徒の英語教師ラル・シンだ。

「教授」はイポーにあるアングロ・チャイニーズ学校（一八九五年創立の男子校で、ペラ州イポーにおける最初のキリスト教系英語学校）で実験助手をしていたが、現在は小規模な商取引をして生計を立てていた。ラル・シンはジャップの監督下にある政府部局で働いていた。ジョゼフィンを譲ってくれたウォンさんは度々わが家にやってきた。彼はバトゥ・ガジャの病院で看護師として働いていたが、住んでいたのはパパンだった。そしてジョージ・マティウスが週に一度、バトゥ・ガジャからニュースを聞きに自転車で来ていた。ジョージは最も古くからの友人の一人で、彼の奥さんとは学友だった。こうした常連さんの中でジョゼフィンの秘密について知っていたのは、ウォンさんを別にすればジョージだけだ。

わが家に常連さんがとても多かった理由は、唯一食卓のご馳走にあると考えるべきではない。パパンは小さな町で、住人のほとんどに教育があった。ただしそれは、中国語方言のみでの教育だった。そのため、それ以上の教育があって、普段から英語を使って生活している少数の人たちが交流の場を探し求めようとするのは自然なことだった。わが家はもってこいの集会場所となっていた。

昼間のうちにブラニーからメモを受け取っていれば、丘から患者さんがやってきたことを告げる合図が午後八時頃に裏木戸から聞こえた。メモで患者さんの症状が分かっている場合だけ、皆で夕食のテーブルを囲むようにしていた。夕食後は必ず集まり、共に祈りを捧げた。祈りが終わると、早々とベッドに入った。翌日の仕事に向け、清々（すがすが）しい気分で朝を迎えるためだ。

バーはたいてい起きていて、ジョゼフィンを聴いていた。しかし特定の重大ニュースが予想されるときには、私たちの何人か、あるいは全員ができるだけイヤホンに近づこうと押し合いながら、彼の周りに集まった。ニュースが終わると、バーはジョゼフィンをアンテナ線やアース線、電源から外し、部屋の隅にある包装箱の後ろに仕舞った。もしも誰かがいなかった場合、バーは翌朝、そのあらましを伝えていた。

日本の統治下、どの町も住民の中から「平和委員会」の委員を選出した。この委員会は、町の住民を代表して当局との交渉すべてに当たった。当局が町の住民に何か要求する場合、彼らは委員会を訪れた。委員会は来訪した日本人当局者をもてなす義務を負っていて、訪問を受けた際にはいつであろうと歓待した。登記所事務員のリョンさんは平和委員会の書記だった。

夫はイポーで仕事をしているが、私はパパンに腰を落ち着けるつもりでいることをリョンさんは知って、ある日わが家に立ち寄った。平和委員会の委員にならないかと頼まれたのだ。私の「忠誠」を証明するのに役立つ一方、抗日活動についても一層広い視野が得られるのではないかと思い、同意した。しかし、一つだけ注文をつけた。「私は女です。ジャップが町にやってきたとき、その接待をするというのはご勘弁ください。でも、歓待のための資金には寄付させていただきます」とリョンさんに話した。

その夜、ブラニーを介してゲリラの司令部に伝言を送り、私がしたこととその理由を伝えた（日本軍への五、〇〇〇万海峡ドル献金の責務を負っていた平和委員会の委員がゲリラの暗殺チームから標的にされていたという事情がある）。返信で、司令部の承認を得た。これが一番だと考えて取った行動が明白に信頼されたのだ。表向きはこれで、ダイ・ニッポンの忠実な臣民となったことになる。これは大きな助けになると思った。

ある日の朝、警官と兵士を乗せたトラックの車列が町に入ってきて、早くに起こされた。町の周りには非常線が張られ、どんな理由があろうと、何人も出入りすることはできないという。そのうちに屈強の一団がゲリラと雌雄を決すべく丘陵地へ前進していく一方、町では徹底した検証が行われた。

午前一一時になって検証は終わっていたが、町の出入り禁止令は未だ継続中であると伝えられていた。そうしたところ、診療所で突然の訪問を受けた。緊急に話がしたい、妻のところへいっしょに来てほしいと、ある取り乱した中国人が訴えてきたのだ。陣痛がひどく、夜中から出血していると言う。彼は貧しい野菜農家の農民で、パパンからおよそ一キロ半、幹線道路の分岐点近くに住んでいた。

「町にはどうやって入ってきたの？」私は聞いた。

「道路沿いにゴム園の端を走って、中国人墓地の下生えを這ってです。同じ道で行きますか」

「とんでもない。二人とも銃で頭を撃ち抜かれる公算大じゃない。日本軍の将校のところに行ってきます。通してくれるわよ」

「銃剣の先で腹を突かれるのが落ちじゃないかな」

「そうは思わないわ。いいから私に任せて。もし聞かれたら、町に来たのは昨日の夜だったって言うのよ」

井戸水を沸かす都合があることから使用人の一人アーリムを連れていくことにし、人力車を捕まえに行かせた。その間、私はリョンさんのところへ行き、日本軍将校宛てに中国語で一筆書いてくれるよう頼んだ。平和委員会を代表して分娩の仕事に当たれるよう、許可を求める手紙を書いてくれた。

町外れの検問所で責任者の将校にこの手紙を渡したが、返ってきた返事は右腰の後ろから拳銃を抜いて突きつけ、帰れという怒りまかせの命令だった。一〇分ほどマレー語でやり合い、手紙の内容や私という人間、そして仕事の性質を説明した。将校は益々腹を立てるばかりで、拳銃でさらに威嚇するようなそぶりを見せるのだった。最後に私は言った。「将校殿、私が信用できないのでしたら、何人か兵隊さんがいっしょに来て、私が何をするのか見ててもらってはいかがでしょう？」どういう訳か、将校はこれで納得したようだった。すぐに落ち着きを取り戻し、私たちと往診カバンを調べるよう兵士に命じた。そして、「ついてこい」とぶっきらぼうに言うと、私たちを従えて勇んで歩きだした。七、八〇〇メートル行った先の幹線道路には、また別の日本兵の検問所があった。将校のしわがれた二言三言で通行が許可された。助力してくれたことへの感謝を失礼のないようマレー語で伝え、良い一日をと言って別れた。農民はほっとして、検問を通過できたことの驚きを口にした。私は広東語で「神は常に貧しき者と病む者を助く」「困難と危険のうちにありては、常に神に助けを求めよ」です、と彼に話した。

農家に着き、ぎりぎりのところで母親の命を救うのには間に合った。しかし赤ちゃんの命は救えなかった。嫌な仕事だった。夕方六時過ぎまで帰れなかった。道路封鎖はまだ続いていたが、何も言われずに通行が許可された。次の日、ドクターが患者さんを訪れ、必要な治療を施(ほどこ)してきた。患者さんの夫はとても貧しく、一間だけの借家住まいだった。農民は手持ちのお金を全額支払おうとしたが、私は受け取りを辞退した。

すでに述べたように、ジョゼフィンを使わないときは接続を断ち、真空管を外しておいた。そしてジョゼフィン本体は部屋の隅、包装箱の間に隠していた。ある晩、バーはイポーに行っていていなかったので、ＢＢＣに周波数を合わせる時間になったとき、自分でジョゼフィンを接続してみた。ああ！　接続を間違えてしまったのだ。ジョゼフィンが発したのはいつものあのささやくような声ではなく、何かが燃える臭いともやもやした薄けむりだった。バーが帰ってきてジョゼフィンを診察し、患者に回復の望みなしと診断を下した。彼は死体解剖を執り行ない、ジョゼフィンをばらばらにした。ドミニクと私はジョゼフィンを、庭にある家族の地下納骨所に丁重に弔(とむら)った。

ジョゼフィンを失った悲しみにむなしく時を過ごすということはなく、直ちに後継者探しに着手した。最初に問い合わせたウォンさんのところには、残念ながら他のラジオはなかった。しかし、バトゥ・ガジャのジョージ・マティウスが一台持っているかも知れなかった。日曜日、ミサの後でジョージに会い、当たってみた。入手可能なラジオ数台について彼は知っていた。町には強力な日本軍部隊が駐屯していて度々家宅捜索があるため、ラジオは使われていないと言う。私は、コデロ神父の所有するとても小さなラジオに決めた。学校の教室の天井裏に隠されていたものだ。とても小型で、隠すのが簡単そうだった。ある日の晩、ウォンさんが仕事の帰りに、自転車の荷台に積んだ野菜の下に隠してパパンに運んできてくれた。

しかし、私たちはまた失望することになる。このおチビちゃんは短波受信域がなくてジョゼフィンの代役を果たせず、役に立たなかったのだ。コデロ神父に差し上げるバナナを入れた籠に隠して、バトゥ・ガジャに戻しにいった。その後、ジョージ自身の真空管が六つあるGECラジオを受け取るということで話がまとまった。教会の横、コデロ神父の庭にある納屋に隠されていたものだ。このラジオは、私が車でパパンに持ち帰った。

ジョゼフィン二号は間もなくきちんと仕事をし始めたが、やがて新品の真空管が一つ必要になった。ウィリアムがクアラルンプールで調達した。パパンからは二五〇キロの距離だ。足がつかないことを願った。私たちはその後、使っていないときの、もっと良い隠し場所を作ることにした。ジャップが頻繁にパパンの家々にやってくるようになっていて、ラジオを探していたからだ。これまで七四番地は踏みこまれたことはなかったが、いつ順番が来るか知れなかった。

階段下の開き戸棚をジョゼフィンの新しい隠し場所にすることにした。この場所は三方が煉瓦の壁になっていて、家の他の場所では漏れ聞こえてしまうラジオの音が小さくなるという利点があった。しかし家宅捜索となれば、暗がりにあるこの開き戸棚はジャップが真っ先に目をつけるに違いなかった。そこで、安全のためにコンクリートの床の下に穴を掘った方が良いということになった。ほとんどの作業はバーがした。たがねとハンマーで苦労してコンクリートに四角い穴をくり抜いた。作業の間、ドーンは空き缶を棒で叩きながら大声で歌を歌い、ハンマーの音をかき消した。掘り終えると、穴は内側がセメントで塗られ、穴をおおうコンクリート製のふたが作られた。

ジョゼフィンを使っていないときは、床下のその穴に仕舞った。ふたを隠すために開き戸棚の奥には古い頭陀袋が数枚、無造作を装って被せられた。放送時間になると、バーはジョゼフィンを取り出し、色々な線に接続した。こうした線は階段に開けた穴を通って開き戸棚に入るよう巧妙に細工されていた。アンテナ線は家の外に出ていて、ブリキの竪樋の陰に隠れて外壁を這い登っていた。

当面、すべては順調に運んだが、ジョゼフィンの故障はまだ終わったわけではなかった。ある日の夜、いつになく大雨が降った。そして翌朝、ジョゼフィンは一〇センチ以上水に浸かっていたのだ。試してはみたが、案の定ジョゼフィンはうんともすんとも言わなかった。バーは手を尽くしたが、上手くいかなかった。そこで、ラジャを呼ぶことにした。イポーのラジオ技師だ。ラジャは古くからの親しい友人で、信用できると確信していた。彼はジャップの仕事をしていたので、パパンに行く目的を雇い主が知ったなら、まず間違いなく首をはねられることになっただろう。しかし、ためらうことなく、ウィリアムの運転する車でイポーから来てくれた。検査の結果、残念ながら都合することはできないが、ジョゼフィンには新しい変圧器が必要、とのことだった。帰り際、パパンに来たことの言い訳にと、彼の妻の名をラベルに記（しる）した薬をひと瓶（びん）持たせた。

イポーの、良き友であるカトリック修道士さんのお陰で、変圧器をつけ替えることができた。しかし、ジョゼフィンはひ弱なままで、度々治療が必要だった。ニュースなしでやっていくことにならないよう、直ちに交代させるべきだということになった。ジョージ・マティウスを通して問い合わせ、入手できそうなフィルコ（イギリス・フィルコラジオ社製のラジオ）のことを知った。医薬品と貼り紙された木箱に入って、フィルコはバトゥ・ガジャに運ばれた。

しかしまず、ジョゼフィン三号を受け取る前に、仕舞っておく場所を準備しなければならなかった。家の裏手の、病気のゲリラを治療していた部屋に、最初のと同じような穴が掘られた。前の穴と同様、こちらもセメント製のふたでおおうという造りだった。ふたの上には、患者さんが横になって検査と手当てを受ける、大きな箱のような形をした木製の長椅子が据えられた。穴は両方とも、防水にした。二つ目の穴には、缶に収めた替えの真空管といっしょにジョゼフィン二号を入れた。こちらは予備だ。ジョゼフィン三号が木箱から取り出され、木製ケースと拡声器を外して階段下の開き戸棚奥の穴に収められた。磨き上げられたケースは燃やし、拡声器や他の部品は庭に埋めた。ジョゼフィン三号を万全にするために、ラジャに来てもらう必要があった。それ以降、ジョゼフィン三号は完璧に機能し、外の世界のニュースを絶えず私たちにもたらしてくれた。ニュースなしでは、絶望感に打ちひしがれるばかりだっただろう。

第九章

慈悲の心のかけらもない

「ミセスK、一番新しい噂をご存知ですか?」ある日の晩、モルに聞かれた。「今日、人づてで聞いたんですが、ドン・ファンとロミオがシンガポールから戻っていて、ジャップから指名手配されてるそうです」

「今、二人はどこにいるの?」

「イポーだと思います」

それ以上聞こうとはせず、この話題には一言もふれなかった。ある意味、ドン・ファンと彼のいとこには責任を感じていて、できれば助けてあげたかった。しかしモルにはその気持ちは明かさなかった。誰かをすっかり信用するということはなかった。その方が良いと感じていた。日本軍は口を割らせる達人だった。しかし何も知らなければ、何も漏らしようがない。

翌日、パパンでの仕事に切りがついてから急ぎ昼食をとり、ドーンとバーを連れてイポーに行った。ハイヤーを使った。私の車はイポーではよく知られているからだ。できるだけ人目につきたくなかったのだ。ブルースター通りの診療所に着くと、ウィリアムがいた。「母さん宛てに手紙です。今朝、来ました」

手紙は町の貧困地区の住所からだった。こうあった。

ミセスK様

ロミオとシンガポールから戻りました。ジャップに追われていて、今いる部屋を出なければなりません。宿の主人から疑われていて、今いる部屋を出なければなりません。主人は信用できません。食事に出ることも控えています。できれば、助けてください。

ドン・ファン

「この手紙、だれが持ってきたの、ウィリアム？」

「ドン・ファン本人です。母さんがいないと知って、大急ぎでまた出ていきました」

「車で行ってちょうだい、ウィリアム。すぐに二人をここに連れてきて。これが住所よ。このお金、何か借金があるようだったら使って」

ウィリアムが戻り、すぐに若い逃亡者二人を二階に連れていった。「何でシンガポールにいなかったの？」ドン・ファンに聞いた。

「シンガポールでのペラの、まあ言ってみれば評判なんですが、ミセスＫには分からないと思います。ペラの人間はすべて共産主義者だと思ってるらしいんです。ロミオの兄さんが仕事を見つけてくれたんですが、警官どころかジャップさえもつきまとってくるんです。何度も出身を聞かれる始末で、ペラだと話すと、もっと知りたいような感じでした。ジャップはペラの人間を疑っていて、調べようとしてたんだと思います。で、イポーに戻りました」

二人ともびくびくしていて落ち着きがなく、見るからに神経過敏の状態だった。「どう考えても、イポーにいたら駄目よ。あなたたち、どうしたいの？」

「パパンに戻りたいんです。連れてってもらえますか、ミセスＫ」

「もちろん、いいわよ。でも、その先はどうするの？　パパンにいれば安全だとは思えない。あなた方の家族にとっても良くないわ」

「俺たち、丘にいるゲリラに参加しようと思ってるんです。今、安全な場所はそこしかありません」

「ゲリラを誰か知ってるの？」

二人の話を聞き、ロミオはブラニーと連絡し合っていて、その助けがあればゲリラに合流できるだろうと推測した。私はそれ以上何も言わず、二人の食事の準備に取りかかった。

しかしちょうどその時、ドーンに会いたい人が来たという大きな声がした。階段の降り口まで行って下を覗くと、カルヤン・シンだった。古くからの友人で患者さんだが、イポー刑事課の巡査部長でもある。友人としての訪問以外の可能性はあまりなかったが、彼は刑事であり、ここへは公務で来たのかも知れない。ドーンは常に、彼の大のお気に入りだった。

「上がって」と声をかけた。「あなたに会ったら、ドーンが喜ぶわ。よく分かったわね、私たちがいるってこと」

「友人が、午後になってあなた方がイポーに来たのを見かけたって言っててね。で、おチビちゃんもきっといっしょじゃないかなって。いつになったらイポーに戻ってくるんだい？」

「あんなすてきな菜園があるうちは戻らないわ」

「でも、パパンはかなり危険なんだろう？」

「私には危険じゃないわ。私は誰にも危害を加えないもの。それに、私に危害を加える人って、誰かいる？ドーンが来たわ。この子、家で飼っている山羊のサリーのことだったら何から何まで話してくれるわよ」

カルヤン・シンが家にいる間、ドン・ファンとロミオの二人は寝室から動けなかった。ドアに鍵をかけ、もしも鍵を開けようとする音がしたら浴室を通って逃げるよう、予め準備しておくようにと伝えた。刑事が家を出たのは一時間してからだった。ようやく食事を準備することができた。

夕方になって出発した。バーはハイヤーの運転手と前に座り、ドーンと私、ドン・ファンにロミオは後部座席に座った。ベルフィールド通りへ曲がったとき、別の車からの合図で運転手が車を止めた。振り向いて、「もう一人乗せてもいいかな？」と聞いてきた。その一人とは、ジャップとかなり親密だという評判のモー・ライだと気づいたが、承知するほかなかった。彼女は前の席に座ると、すぐに運転手とのにぎやかなおしゃべりに興じた。帽子を目深（まぶか）に被（かぶ）るよう二人に合図し、上手くいくことを願った。

イポーから五キロほど、メングレンブーまで来たとき、警察の見張りが手を振って停車するよう指示した。

「どうしたんですか」車の窓に近づいてきた警官に聞いた。

「出入りする人間は、すべて調べろっていう命令なんです」

声を聞いて、警官の顔をもう一度見た。アーマッド巡査だ。パパンに来たばかりの頃、頭蓋骨骨折を治療してあげた人だ。

「こんばんは、アーマッド。頭の具合はどうなの？」

「おっと、あなたでしたか、ミッスィー。すみません、気がつきませんで。頭は大丈夫なんですが、耳が片っぽうまだ聞こえなくて。今もパパンにお住まいですか」

「ええ。でも、どうして検問なの？」

「指名手配犯二人を探すよう言われてるんです」彼は車内の乗客を見回した。ドン・ファンの方に顎をしゃくり、「誰なんですか」と聞いてきた。

「パパンの患者さんです。パパンにちょうどいい薬がなくて、イポーでドクターに診てもらおうと連れていったところなの」

「分かりました、ミッスィー」

車を出すようにと彼が手を振って合図しようとしたその時、少し離れたところにいた巡査部長がゆっくりと近づいてきた。「ミッスィーとは古くからの知り合いでしてね」アーマッドが言った。「パパンで頭蓋骨を骨折したとき、ミッスィーとドクターが命を救ってくれたんです。乗っている他の人たちは、ドクターの診察を受けるためにイポーに行ってきた患者です」

「パパンは油断ならんところだからな」と巡査部長。通行を許可することに何か引っかかるものがあるようで、まるでパパンの人間はすべて怪しいといった感じだ。

「ミッスィーのことを信用できなかったら、信用できる人間は誰もいませんよ」アーマッドが断言した。

「なら、いいだろう」

巡査部長は、手を振って車を出すよう合図した。「おやすみなさい」とお互いに言って、別れた。

二人は患者だと嘘をついたことにアーマッドが気づいたかどうかは分からない。もしも気づいていたとしたら、彼は私たちの通行を許可するために大変な危険を冒したことになる。私や私たちの誰もが、嘘が存在の一部拠りどころとなっているこの新しい生活に何て簡単に慣れてしまったことだろうと思わずにはいられなかった。何よりも真実を大切にするようにと、私は子どもたちを育ててきた。この嘘の生活は、物事を理解する年頃になったばかりのドーンにどんな影響を与えるのだろう？

パパンへの残りの路程は特に何もなかった。しかし、ドン・ファンとロミオがパパンで人目にふれるというのは、賢明なことだとは思わなかった。パパンでは、誰もが二人のことをよく知っているからだ。そうかと言って、真っ直ぐわが家に連れていくこともできなかった。誰が来ているか知れないからだ。紙に走り書きし、車が止まったら降り、暗くなるまで墓地近くのゴム園に隠れるよう伝えた。その後、二人は竹のフェンスの陰に隠れ、わが家の一番上にある小窓に灯りが見えるまで待つ。この灯りが、裏木戸まで来るようにという合図だ。墓地に差しかかる直前、患者がゴム園にある家に帰るからと、運転手に車を止めるよう告げた。二人に薬瓶を持たせ、服用量について二言三言指示を与えた。運転手とモー・ライへのカモフラージュだ。二人は木立の間の小道を歩いていった。

帰宅後、間もなくして雨が降り出した。家にはモルが教授とラル・シンといっしょにいた。雨が降っている間は足が家には向かず、一晩飲み明かす腹づもりでいるようだった。疲れていて早くベッドに入りたいからと言って、皆で早目の夕食をとった。突風とともに冷たい夜気が吹きこむので、食堂のドアと窓を閉めてくれるようモルに頼んだ。そして、テーブルから立ち上がった。

「今夜、誰か丘から来るんですか、ミセスK」モルがささやいた。

「来ないわ、モル。私、ちょっと裏ですることがあるから」

ドン・ファンとロミオはびしょ濡れになって、冷えきってしまっていることだろう。もはや客が全員帰るのを待ってはいられなかった。彼らは夕食のテーブルを囲んで話をしていて、しばらくは腰を上げそうにない。私はランプを二階の窓に置き、裏木戸のすぐそばで待った。

かなり待ったのではないかと思って裏木戸を開けると、雨水を滴らせ、身震いしている逃亡者二人がいた。「音を立てないで」ささやき声で言い、勉強部屋へと急がせた。「隣の部屋、モルといっしょに何人かいてね。あなたたちがここにいることは知られたくないの。ちょっと待ってて。乾いた服、持ってきてあげるから」

家の者何人かは母といっしょに居間にいた。他はまだ食堂だ。居間に通じる扉を閉め、二階に上がった。バーは自分の服の中から何着か私に渡すと、ランプを消して窓を閉めてくれた。私は乾いている服を、毛布や枕といっしょに勉強部屋に持っていった。

「これに着替えて、できるだけ楽にしてなさい。でも、食事の支度までは少し時間がかかりそうなの。全部、食堂にあるから。来客が帰るまで待つしかないのよ。ドア、内鍵してね。三回軽く叩かなかったら、開けないこと。お腹が空いてるでしょうから、長くならなければいいんだけど」

食堂にもどると、テーブルを囲んでいつ終わるともなく会話が続いていた。「ドン・ファンとロミオがイポーにいるらしいんだ。ジャップに指名手配されててね。そこで、ラル・シンと私とで二人を見つけ、警告してあげることにしたよ」と教授が言った。

「それはいいことね。ラル・シンの政府職員としての身分証はきっと役に立つわ」

時間の無駄だとか、イポーにいると考えている二人はほんの一、二メートル先、壁の向こう側にいるとかについてはふれなかった。

「遅くなってしまったな、ミセスK。あなた、お疲れのようだ。そろそろ帰るとしますか」

「おやすみなさい、教授。二人と連絡が取れたら教えてくださいね」

二人が帰った後、モルは少し残っていた。「ミセスK、何か心配そうですね。どうかしたんですか」

「何でもないわ、モル。少し疲れてるだけだと思う。おやすみなさい」

「おやすみなさい、ミセスK」

すでに一〇時を回っていて、家の住人は皆寝ていた。仕事にかかり、お腹を空かせた二人に食事を作ってあげた。その後、二人が眠っている間に食器類は全部洗って片づけ、台所での調理の痕跡はすべて消した。そして彼らの濡れた服を炭火にかざして乾かし、アイロンをかけた。朝四時に起こし、乾いた服を渡した。入れてあげたコーヒーを二人が飲んでいる間、どうすれば良いか話した。ゲリラと連絡をつけようと、町で誰かに接触する必要はないと伝えた。かつてないほど密告者やスパイがいて、安全ではないからだ。町では一切姿を見られないに越したことはなかった。

「この家の裏の小道を町外れまでたどっていって。そしたら踏み分け道が二又に分かれるから、右の道を行くのよ。道端に小屋があるところに着くまで丘のふもとに向かって歩き続けること。小屋に着く前に、まず間違いなく呼び止められると思う。私たちの知ってるブラニーっていう人にね。私のとこから来たって伝えて。その理由もね。万事順調って、私に伝言を送るよう言ってちょうだい」

何から何までお膳立てしてあるかのようで、二人は唖然（あぜん）とした様子だった。説明を求めようとするのをさえぎり、持てるだけの食べ物とお金をいくらか渡して裏木戸から送り出した。

「ミセスK、何てお礼を言ったらいいか」

「話した通りにやってくれれば、それでいいから。今、四時半ね。何キロか歩くことになるわ。さようなら。幸運を祈ります」

二人の姿が闇に消えるまで見守り、彼らがいた形跡はすべて消した。そして家の住人が起きてくる前に、横になって一休みした。八時頃、モルがやってきて、封筒を受け取った。中には小さな紙切れが一枚だけ。鉛筆で三文字、「ＳＡＢ」と書いてある。

「ありがとう、モル。私からの返信はないわ」

ドン・ファンとロミオが無事ゲリラに合流したことが分かった。

三文字はSemua ada baik（サムア アダ バイ）の頭文字だ。国の共通語の「バザール・マレー語」（現地化した中国人が話した簡略化されたマレー語）で、意味は「万事順調」、あるいは「万事良し」。私はこれをゲリラとのやり取りすべてで暗号のように使い、自分の名前を使うことは避けていた。

午後になって、教授がわが家にやってきた。「ドン・ファンとロミオのイポーでの足取りはつかめなかったよ。最近まではいたんだが、どこに行ったかは誰も知らないな。ジャップは間違いなく二人を追ってるから、あまり長いこと探さない方がいいだろう」

「だったら、してあげられることはもうないわ。ジャップはまだ探してるって、確かなの？」

「うん、警察の知り合いから聞いたからな」

「じゃあ、少なくても二人は捕まってはいないってことね」

ブラニーが次に来たとき、ドン・ファンとロミオの捜索はまだ続いていることを知らせた。

「二人が丘の奥まで逃げこんでいるか確認してね。ジャップはきっと、二人の家があるこの辺一帯を探し回るでしょうから。もし捕まったら、私は一巻の終わりってことだもの」

何日間か近隣での日本軍の動きが活発になったが、何も出てこなかった。やがて、状況は再び沈静化した。しかしモルには、何か心にひっかかっていることがある様子だった。ある日、それが明らかになった。

「僕を信用してませんね、ミセスK」

「どうしてそんなこと？」

「ドン・ファンとロミオのことです」

「あれは、私一人で対処できることだったから。いい？　必要もないのに、誰かを危うくしかねないような情報は伝えたくないの。その方が、関係のある人全員が安全でしょ？　秘密を守る一番の方法は、誰にも知らせないってことだもの」

第一〇章

慈悲の心のかけらもない

ドン・ファンとロミオが丘に逃げてから何週間かは何事もなかった。何も動きがないということから却って怪しいと思うこともあった。敵は密かに迫ってきているのではないかと感じていた。しかしかつてないほど仕事があって、全力を挙げてこれに取り組んだ。することはそれだけだった。今ではほぼ毎晩、病気のゲリラ一行がやってきて、週に一度はそれ以上と思われる人数になった。マラリアや赤痢、疥癬、そしてあらゆる種類の傷の治療を必要としていた。私が噂になっていると、ウィリアムが警告しにやってきた。モルはもっと具体的だった。

「僕が聞いた話では、ジャップはゲリラを支援している中国人の助産師を追っていて、居場所をパパンまで突き止めているらしいということです」

「追っかけている助産師が中国人である限り、大丈夫よ。ユーラシア人を疑ってかかるなんて思いもしないでしょうから。きっと私の中国語があまりにも上手いってことで、あさっての方に行ってしまったんだわ」

「でも、遅かれ早かれ本当のことは分かってしまいます。連中の手に落ちては駄目です、ミセスK。用心すべきです」

「先の事は避けようにも避けられないものなのよ、モル」そう言って、別の話題に話を向けた。

しかし、モルの言ったことが頭を離れなかった。私に関わった人たちの身の安全を確かなものにするにはどうすれば良いのだろうと思った。一、二日して、司令部から手紙が来た。司令部では私や家族の身を案じているとあった。日本軍は遠からず私に迫ってくるだろうと彼らは考えていた。私が家の住人全員を連れ、丘陵の司令部に合流した方が良いと提案していた。安全なところに快適な小屋を建てるという。そして予定された日にはパパンの町全域をゲリラが抑える中、七四番地の住人全員と持っていきたい荷物や家具すべてを丘へ移すのを、必要なだけの人数の男たちが手助けしてくれるという。

強力で断固とした友が丘にいると知って、実に勇気づけられた。彼らが約束を違えることはないだろう。司令部の提案は強く胸に響いたが、そこにはむずかしい問題がいくつかあった。イギリス軍の有力な味方であり、憎むべき敵に公然と逆らう抗日勢力に合流するのはすばらしいことであるに違いない。しかしこの件は当然、夫や家の住人全員との相談なしに私一人で決められるものではなかった。

ドクターがオルガとウィリアムを連れて週末に戻ったとき、司令部の提案を伝えた。私たちは計画の実現可能性を話し合ったが、提案に沿って丘陵に逃れることが不可能な要素が二つあることにすぐに気づいた。

一つ目は母だった。この頃、母はかなり衰弱していて、視力が落ちていた。安全を考え、丘陵深く何キロも分け入っていくに違いない場所に母を運ぶことのむずかしさをさて置いたとしても、ゲリラとの生活からくる不安や困難を母は生き抜くことはできないだろう。

二つ目は、ジャップが町の全域で報復する——必ずするだろう——となったときの住民に及ぶ危険だ。同胞である町の人たちを犠牲にして、私たちだけが安全を求めて逃げるのは正しいことではない。ゲリラからの申し出は断るべきだと結論づけるのに長い話し合いは必要なかった。そして、その趣旨で司令部に返事を送った。

司令部がそれなりの根拠もなしにこうした提案をするはずはなく、いつあってもおかしくはない逮捕に備えなければならないと思った。もしも最悪の事態となり、七四番地で行なわれていたことすべてが日本軍に嗅ぎつけられたら、この世のどんな力をもってしても私の命を救うことはできないと前々から覚悟していた。

しかし、危害が家の他の誰にも及ばないよう、できることはすべてやらなければならない。たとえ全責任を私一人で負うことになろうともだ。私は死を免れることはできない、と自分に言い聞かせた。私のすべきことは、自分の命一つを差し出すことで日本軍が満足するよう道をつけることだった。そう決意するのはむずかしいことではなかったが、助力を仰がずに自分一人で最後までやり抜く力はないということはよく分かっていた。

二階に上がって十字架像の前に座り、私たちのために十字架にかけられてお苦しみになったイエス様に祈った。私の信念を強くし、力をお与えくださいますようにと祈った。祈りを捧げていると二つの小さな腕が首に巻かれ、ドーンの声がした。

「母さん、泣かないで。母さんのこと、大好きよ。母さんが連れていかれたら、私もいっしょに行く。イエス様がお助けになってくださるわ」とても小さくて弱々しい、今にも壊れそうな末娘からのこの言葉に強く力づけられた。娘の言葉は私にとって、祈りが聞き届けられたことの証しだった。

ほぼ同じ頃、司令部から手紙を受け取った。ブラニーが別の地域に移動させられたという。ブラニーは移動する前、怪しまれていて動きが監視されていると話していた。もはやパパンに留まるのは安全ではなかったのだ。ブラニーが去り、とても残念だった。彼とはお互いによく理解し合っていて、完全に信頼することができたからだ。

ブラニーの代わりは、ある中国人が務めることになった。地元の出身だったが、知らない人だった。この人はどういう訳か、元々は派手な赤と黄色の縞柄の、色褪せたフットボール（サッカーのこと）のジャージをいつも着ていた。この独特な服以外の格好でいる姿を見たことはまずなかった。そこで、「ストライプ」というニックネームをつけた。ブラニーに感じたのと同じ信頼をストライプに感じることはなかった。ストライプは、少しばかり大口を叩くようなところがあった。どうやら司令部も同じように感じていたようで、彼はブラニーの仕事全部を引き継いではいなかった。連絡員としての活動は地元だけに限られ、私が送る薬品と、地元指揮官と交わす必要のあるメモを運んでいた。

「連隊」司令部は、パパンでの接触を担当する独自の連絡員を任命していた。この男はずっと信頼が置けそうで、何の心配もなく手紙や資金を任せることができた。ストライプは、夜になるとやってくる「病人の行列」にも関わらなかった。浅黒い肌の色から「ブラッキー」とニックネームをつけた別の中国人が午後八時に病気のゲリラを治療に連れてきた。完璧に信頼できそうな人物で、担当者を差し置いて伝言を送ろうとはしなかった。伝言はストライプを通じて来ることになっていたからだ。

ほぼ同じ頃、ある新たな展開から日本軍のパパン地域への関心の高まりが見て取れた。イギリス統治下では町に置かれていた警察の分署が、どういう訳か日本軍によって引き払われていた。そのために一年以上の間、町は警察による日常的な保護下、つまり監視下にはなかった。ところが一九四三年に入って数ヵ月すると、警官一四人と巡査部長一人が配属され、警察署が再び使われることになったのだ。警官は病気になるとバトゥ・ガジャの病院に行くものと思っていたが、それは八キロ余りの距離を移動することを意味し、往復の交通手段を確保するのは容易なことではなかった。

その結果、間もなくして彼らは、必要な治療のために私のところに通い始め、家族も連れてくるようになった。ドクターが重篤なケースを診察した。診療代金は請求しないことにしていた。

警官は非番を見計らって、あらゆる時間にやってきた。そして時としてこの事が、厄介な状況を生むことになった。夜に来られないゲリラが警官と同じ屋根の下、隣り合って治療を受けたりしたからだ。

こうした場合、私はゲリラから拳銃と銃弾を預かり、机の引き出しに鍵をかけて入れておいた。バーを始め、私を手伝う誰もが病状について問診することで警官の注意をそらした。診療所を訪れる患者について警察が聞いてくることは一度としてなかった。何か勘づいていたかどうかは分からない。しかしそうだったとしても、胸に納めておいてくれたのだ。

警察は夜間、町の通りを二人一組でパトロールしていた。そのため最初の頃、裏木戸を三回叩く合図が予測される八時が近づくと、警察の動きから目を離さないようにしていた。しかししばらくして、警官は七時頃、考えようによってはほとんどこれ見よがしにといった感じで七四番地の玄関近くに立ってはいるが、いつも八時になるかなり前に町の反対側に移動するということに気づいた。そして、二、三時間は近所に現れることはなかった。

やがて、警察は信用できるということが分かった。日本軍の手前、絶対に避けられない務めだけを果たしていたのだ。警察はたいてい、日本軍がいつ町で検証をするつもりでいるかとか、いつその地域を急襲するかということを知っていた。私が当時、要注意人物として警戒されていたことも分かっていたのだ。失職したくなければ猟犬を使って狩りをしなくてはならないが、兎への同情があって、できれば逃がしてやりたいというのが本心だったのだろう。

ゲリラの中には金品の強奪だけが目的の、単なる強盗というどこにも属さない集団もいた。しかし大多数のゲリラは——私が接触したゲリラはすべて——、正規軍に倣って非常に厳しい規律の下、よく組織されていた。

いわゆるマラヤ抗日人民軍は共産主義者が大半を占め、指導者たちの目的は明らかにマラヤに共産主義の州を樹立することにあった。しかしながらこの時期、彼らは賢明にもこの長期計画は自らの胸のうちに封印していた。政治的な違いに関係なく、国内のあらゆる抗日勢力と共闘することを心底から望んでいた。仲間うち以外に共産主義を唱導することはなく、私たちは彼らを共産主義者として考えたことは一度としてなかった。単に枢軸国と戦うイギリスやアメリカの協力者として理解していた。

ＭＰＡＪＡ（マラヤ抗日人民軍）はかなりの数の「連隊」へと組織され、おおよそ州ごとに編成された。第五連隊は事実上、ペラの連隊だった。その司令部はチュモルの後背、どこか丘陵深くにあった。イポーの北二〇キロほどにあるこの小さな鉱山町は、山脈――半島の背骨にあたる、ジャングルにおおわれた丘陵地帯――のふもと近くにあった。こうした丘陵を抜けてジャングルの踏み分け道が走り、北に行けばシャムとの国境、東に向かえばケランタンやパハン、南に下ればジョホールへと通じていた。

パパンは、広大で人口稠密なキンタ谷を間に挟んでチュモルの連隊司令部から距たっていた。司令部とは特別の連絡員を通して手紙をやり取りし、医薬品や資金を送っていたが、連絡員がたどるルートはまったく知らなかった。

一般のゲリラ同士が、所属部隊の枠を越えて接触することはまずなかった。しかし、連絡員と指揮官は互いに連絡を取り合っていた。さらに連隊司令部の上官ともなれば、傘下の部隊を折りにふれ視察して回るということがあった。こうした巡察は常に長期に及ぶ骨の折れるものであり、しばしばかなりの危険を伴った。

ライ・フック（頼莱福）が捕まったのは、キンタ地域最南部の部隊を視察した折りのことだ。ライ・フックは第五連隊の軍指揮官であり、ペラでのあらゆる抗日活動の責任者だったが、その権限は基本的に政治将校よりも下だった。

ライ・フックを失ったことは、ゲリラ組織にとって大打撃だった。彼は大変な勇気と気骨のある人物として知られていた。しかし日本軍の尋問方法は最強の意志をも打ち砕くことに少なからず成功していて、果たしてライ・フックが耐えられるかどうか確信できる者はいなかった。

彼の逮捕からすぐ、「キャプテン」――安全上の理由からそう呼ばれていた――が投獄されている場所を見つけてほしいと、地元のゲリラに頼まれた。数ヵ所を当たってみたものの、私自身が彼の運命と隣り合わせになるまでは何も分からなかった。もしも必要な情報を提供することができていたなら、ゲリラはまず間違いなく救出のために可能な限り大規模な攻撃を仕掛けたことだろう。

パパン周辺のゲリラは第五連隊を構成する部隊として組織され、連隊司令部の傘下にあった。この部隊は、中隊と呼ぶのが最もふさわしいだろう。パパン中隊の勢力はたぶん一〇〇人ほどだったが、この数字はその時々で大きく変化した。かなりの数の連絡員がパパンとその周辺地域の住民、そして丘陵地にある中隊の間で接触を取り続けた。彼らは情報を始め、寄付というかたちで資金や食糧、そして他の補給品を集めて回った。七四番地に来ていたストライプとブラッキーはこうした連絡員だ。顔を知っていたり、噂を聞いたりした他の連絡員もいたが、関係したことはなかった。

中隊司令部はパパンの後背に位置する丘陵地深く、何キロも分け入ったところにあった。町から続く、曲がりくねった踏み分け道の先だ。その道沿いに、おおよそ五キロ間隔で小屋が二つ、三つ点在していた。それぞれの小屋には連絡員か、おそらく少人数の分隊が詰めていた。こうした小屋は、中隊と町を結ぶルートの中継点として機能していた。最初の小屋は、パパンから三キロかそこらのところにあった。私がドン・ファンとロミオを向かわせたのはこの小屋だ。実のところ、ここには小屋が二つ、三つあり、実際には小さな野営地だった。小屋は町とのパイプ役を務める連絡員だけでなく、治療で私のところに来なければならない病気のゲリラにも使われていた。そのため、時には相当な人数が収容されていた。

私とパパン中隊指揮官との間には手紙のやり取りが何回かあったが、彼がマラリアの深刻な発作に苦しみ、定期的に治療に通うようになった一九四三年の六月まで会ったことはなかった。彼の名はチェン・イェン（江雁）という。

丘からやってくる患者さんにはほぼ全員、帰る前に熱い紅茶とビスケットを二つ、三つご馳走した。チェン・イェンはいつも、待っている患者さん全員を先に診るよう求めた。こうして、他の人たちが去った後、彼を食事に招いたものだった。これがたくさんの事について話す機会となり、チェン・イェンをとてもよく知るようになった。

彼は若く——当時、二一歳を出ていなかった——、かなり魅力的な人だった。共産主義に確信を抱く「強硬派」の一人ではなかった。チェン・イェンは政治的正統性ではなく、優れた知性と才能の故に指揮官の任にあった。彼は、金細工店をいくつか所有する父親から伝統的な中国式の優れた教育を与えられていた。英語はほとんど話さなかったが、北京官話はかなりのものだった。学校を卒業した後、バトゥ・ガジャで教師となり、自国の敵と戦う愛国的中国人としてゲリラに参加したのだ。私はチェン・イェンに深い尊敬の念を抱いていた。

ある日の晩、チェン・イェンが快方に向かっていたとき、スンカウが非常な高熱を出して危機的な状態で運びこまれた。スンカウのことは知っていた。軽い病気で何回か来ていたからだ。その分別のなさは尋常ではなかった。彼はパパンの町を、誰が見てもポケットの中身は大型の拳銃だとはっきり分かるほどに膨らんだズボンで歩き回っていた。やってきた日本軍将校の目と鼻の先でさえもだ。しかしこの夜、スンカウは明らかに非常に危険な状態だった。キニーネを注射し、熱を下げるためにできることはすべてして、数時間様子を見た。当面は大丈夫だろうと確信するには、二本目の注射が必要だった。できるだけ眠らせるようにとブラッキーに話し、翌日の夕方、もう一度治療に連れてくるよう伝えた。

スンカウは過去、薬や服用についての指示はいつも実にいい加減で、気のない態度で聞いていた。それだけにこの夜、消耗しきった状態でありながらこの上なく真剣に、そしてきっぱりと治療に対して感謝の言葉を口にし、くり返し「おやすみなさい」と言っていたのにはとても驚かされた。このいつにない様子を私はモルに話した。スンカウはたぶん、高熱で死の寸前にいることを覚り、怯えきっていたのだろうとうなずき合った。

まさにその翌日、警察の友人からは何の警告もないまま、日本軍がかなりの数で町を通り抜け、町外れの広場に展開した。トラックのヘッドライトがなければ、日本軍の移動には気づかなかっただろう。作戦は、明らかに夜明けとともに始める計画だった。間もなくして、中隊司令部に至るルートの最初の野営地辺りから銃声が聞こえた。この二、三日で治療したゲリラの数からして、そこには数多くの病人と回復途中の患者さんが集中していたはずだ。もとより、彼らの安否が気づかわれた。しかし日本軍が引き揚げるまでは、私にできることは何もなかった。

正午頃、トラックが再びがらがらと音を立てて町を抜けていった。それを見て、胸をなでおろした。軍隊や警察を乗せて通過していくトラックには捕虜の姿がなかったからだ。十分に時間をおいた後、危険が去ったこと、そしてどんな負傷も治療する準備ができているという内容の伝言をモルを介して送った。

午後五時半前、患者が一人現れた。他ならぬ中隊指揮官、チェン・イェンその人だった。別のゲリラに支えられ、足を引きずりながら入ってきた。傷を調べた。深刻な傷ではなかったが、ドクターの手当てが必要だった。傷を洗浄し、イポーから夕方にもどることになっているドクターを待つ間、何があったのかチェン・イェンが話してくれた。

見張りは日本軍の来襲を警告していた。日本軍は真っ直ぐ野営地に進んでくるかのようで、まるで場所がすでに分かっているみたいだったと言う。日本軍を撃退し、同時に動けない病人の避難に手を貸すだけの十分な人員はいないとチェン・イェンは判断。散開して逃げるよう命じた。スンカウは熟睡していた。チェン・イェンはスンカウを後ろ抱きにして引きずり、野営地端の濃い茂みに隠した。深い下生えの中、野ブタの細いけもの道を二人は苦労して這っていった。野営地に到着し、放棄された後だったことを知ったジャップは、ゲリラが潜んでいそうな藪や茂みすべてを機関銃で掃射した。弾丸が頭上の葉や枝々を貫いた。チェン・イェンは先頭になって進み、草をなぎ倒してスンカウが楽に這えるようにした。スンカウはしかし、這うことであまりに体力を消耗していたのだろう。低くおおい被さった枝々がそこだけ高くなっているところで立ち上がり、指揮官に追いつこうとした。スンカウは大丈夫かとチェン・イェンが振り向いた、と、その瞬間、チェン・イェンは強烈な一撃を左膝に浴びた。スンカウはと見ると、彼は前方につんのめり、微動だにせず横たわった。弾丸が後頭部を捕え、一瞬にして命を奪ったのだ。チェン・イェンは一息置いてスンカウのポケットから拳銃を抜き取り、何かメモを持っていないかと探った。チェン・イェンがさらに進むと、進行方向が警官の一団に塞がれていた。傷を負ってはいたが、鉱山の沈殿池に入り、日本軍の目を引くことなく泳いで渡った。

「かわいそうなスンカウ。誰か、ジャップに捕まったの？　獲られたメモは？」

「全員が逃げきりました。野営地には紙切れ一つ残っていません。すべて、確保しました。少し濡れているだけで、まったく問題ありません」

「良かった！」

チェン・イェンの傷はほぼ間違いなく、木の幹か大きな岩で跳ね返って勢いを削がれた銃弾によるものだった。銃弾は膝に食いこんではいたが、骨を砕くことなく向きを変えていた。骨は一切破砕されていないことをドクターが確認し、私は傷口を包帯で巻いた。チェン・イェンはその夜、私たちの許可を待って遅くまで診療所にいた。

その後二週間ばかり、ジャップは町向こうの丘陵を数回急襲した。しかし銃声を聞くことはなかった。ゲリラは部隊の配置を替え、同じ方法では二度と捕まらないだろうと思った。七月中旬頃、夜の「病人の行列」が終わった後、今では銃傷とマラリアからすっかり回復したチェン・イェンが訪れた。心配そうで元気がなく、いつもの彼らしくない。この地域での日本軍の作戦行動がこれまでになく事態をむずかしくしていて、中隊がパパン地域との接触を維持することができなくなっていると言う。私が考えを変え、家族といっしょに丘に入ることを強く勧められた。

「できないわ、チェン・イェン。理由は分かってるでしょ？　でも、心配しないで。たとえジャップに捕まっても、あなた方を裏切るような真似はしないから」

「裏切るだなんて、これっぽっちも思ってません、母さん（ゲリラはいつも私のことをそう呼んでいた）。でも、拷問は恐ろしいものです。できれば、奴らから救いたいんです」

「信頼を得るには、試練に耐えてみせなくちゃね。でも、私のことは心配しないで。自分自身と中隊のことを大事にしてちょうだい。日本軍がマラヤから駆逐（くちく）されることになったその時、あなたの時代が来るわ。そのすばらしい日のために命を大切にしなくては。ここへは二度と来ない方がいいと思う。よほど緊急でない限りは」

しばらくの間、彼は何も言わず、ドーンを膝に乗せて娘の巻き毛をなでていた。何か物思いに沈んでいるようだった。少しして彼は言った。「僕たちはある日は生きていても、翌日にはもう死んでいるかも知れないんですね」

「ええ、でも皆が享受できる自由を勝ち獲るために死ぬんだったら、そこには救いがあるわ」

を探ったが分からず、押しがけをするために全員が車外に出た。外に出て手伝うよう言われたが、「とんでもない」と言って断った。「私は容疑者です。クーリーではありません」重い自動車を動かそうと護衛たちが苦労している間、私は車の中に座っていた。モルを通じてチェン・イェンに一言伝えるだけで、このびくびくしていて間の抜けた護衛に終止符が打てるのにと思わずにはいられなかった。

やがてイポーに入った。ゲリラ支配地域から無事逃げ帰り、護衛が息をついているのが分かった。車は私を中央警察署に隣接するトッコー課に連れていった。アタッシュケースは点検され、取り上げられた。「囚人は私物の所有は許されません。こちらで保管します」アタッシュケースとその中身を再び見ることはなかった。洗面具類を持ちこむことの許可を求めたが、下品なあざけりと卑わいな言葉が答えだった。夜が冷えるので、パパンを立つ前にスエードの上着を着てきていた。しかし、その上着を取り上げると言う。断ると、背中から脱がせようとした。「駄目です、このコートは」そう言って、両肩をきつく押さえた。彼らは諦め、私は中央警察署に連れていかれた。

留置管理室に入ると、当直の巡査部長は忙しそうに書きものをしていて、書き終わるまで顔を上げようとしなかった。少ししてはっと気づき、椅子から飛び上った。「敬礼、ミッスィー。奥さんだとは気がつきませんでした。どうぞおかけください」椅子が押し出されたが、この申し出はお断りした。巡査部長は護衛がトッコー課から持ってきた書面をちらっと見てため息をつき、壁から鍵を取った。「ミッスィー、こちらへ。申し訳ありませんが、監禁しなければなりません」

「どうぞ、巡査部長。お務めはお務めです」

巡査部長が鉄格子のはまったドアを解錠すると、そこはコンクリートが敷かれた露天の小さな中庭だった。中庭の正面と左右の側は監房で、監房の前はベランダになっていた。中庭から右へ通路があって、その通路を挟んで監房が向かい合っていた。連れていかれた女性監房は通路の一番奥だった。鉄格子付きのドアが開けられると、腐敗して吐き気を催させるような異臭が鼻を突いた。監房は真っ暗だったが、泣き声とうめき声が聞こえた。悪臭を放つこの監房に耐えられず、思わず後ずさりした。「お願いです、巡査部長。監房の外の通路で眠らせてください」。

「それは許されません、ミッスィー」

「でも、あなたが責任者でしょ」

一瞬、彼は迷った。「いいでしょう。ですが、朝一番で入らなければなりませんよ。ここでお待ちください」

長椅子と枕、毛布を抱え、湯気の立つコーヒーを持った補助警官二人を連れて巡査部長が戻ってきた。「これをお飲みなさい、ミッスィー。その間にベッドを作りますから。何か他に要るものはありますか」

「ええ、お願いがあります。ドクターがトッコーの監房に収監されています。会って、私がここにいることをどうかお伝えください」

巡査部長はうなずき、歩いていった。私はひざまずいて祈った。急ごしらえのベッドに横になったものの、眠りに就くまではずい分かかった。

第一二章

慈悲の心のかけらもない

日本統治下、法と秩序の維持に当たった警察の組織はイギリス統治下とほぼ同じだった。最上級職いくつかだけが日本人将校で埋められた。イギリス人将校が去ったことで生じた残りの空職は、下からの昇格で補充された。下級職はそれまでと同様、主にマレー人とパンジャブ地方出身のインド人で構成されていた。中国人は主に、今やトッコーとして知られる刑事課で少数任用された。

警察は日本軍と連動し、日本統治に対するあらゆる抵抗運動を国の全域にわたって弾圧するという恐ろしい任務があった。このため、補助警官(別名、特別警官)を募集することで警察力を拡充する必要が生じた。わずかな賃金——そして、「不正に」得たものは何であれ副収入ということ——でジャップに仕えることを望む男たちがすべての民族から引っ張られた。正規警官と補助警官とで大所帯になった警察に加え、非常に恐ろしいケンペータイ（憲兵隊）という軍警察があった。数こそ少なかったが、軍警察は全権を握っていた。全員が特別に選抜され、高度な訓練を受けていた。ケンペータイが関心を向けていたのは日本軍の規律ではなく、抗日勢力だった。抗日の動きが見られれば、マラヤのどこであろうとその戦いの全面的な指揮を執った。

上は軍政のトップから下は一般のマレー人や日本人に至るまで、誰にとってもケンペータイは恐怖の的だった。実際、ケンペータイはドイツのゲシュタポに匹敵した。抗日分子に対する通常任務のほとんどは普通の警察が担ったが、警察の熱意はケンペータイ（への恐怖がなければ、その熱意は失せていたことだろう）への恐怖に根ざしていた。ケンペータイは、警察が扱っている特定の事件を引き継ぐ決定をいつでも下すことができた。そしてその事件がそれまで、警察でどう処理されてきたのか容赦なく調べるのが常だった。そのため、警察は犠牲者に対して度々同情的ではあったものの、ジャップに発覚する恐れはないというのでなければ、その同情を実際の行動で表そうとは——自らの命が惜しいのなら——しなかった。

私たちは長年イポーではよく知られていて、警察にも階級を越えてたくさんの友人や患者さんがいた。私たちが逮捕されたとき、私やドクターのことをよく知らない警官は――少なくても評判は聞いていて――イポーではまず一人としていなかっただろう。私たちの落ちぶれた姿を見て満足を覚え、受けた虐待を喜んだような警官もごく少数いたにはいた。しかし残りの警官は私たちの友人であり、心から幸運を願ってくれた。この人たちは無理をしてまで力を貸してくれ、投獄の重荷を軽くしてくれた。私たちを支援するために、外見上は些細なかたちでではあっても、彼らの多くが激しい殴打や拷問、そして死という危険を冒してくれたのだ。日本軍は、警察内部の「裏切り者」に対して容赦しなかったにもかかわらずだ。驚きだったのは、警察が私たちを支援しなくなったということではない。それどころか、とてもたくさんのことをしてくれた。ケンペータイが私たちの件に注目しているということが知れ渡ってからは、それまでにも増して良くしてくれた。

従って、警察の留置場にあっても私は友人に囲まれていた。しかし日本人に気づかれぬよう、その善意が表立って示されることはなかった。もちろん、スパイや密告者は警官の中にもいた。だから私の良き友である巡査部長は、誰か日本人将校が巡回に来ないうちにと、私が監房内に無事監禁されていることを自から確かめたのだった。

朝六時、囚人は起こされ、洗面をして監房を掃除した。巡査部長自身が私を起こし、監房に監禁する際にそっと教えてくれた。「ドクターは大丈夫です。奥さんのことをとても心配しています。奥さんから目を離さないと伝えました。昨夜のベッドについては誰にも話さないように」

「ありがとう、巡査部長」

私が収監された監房はたぶん、三メートル四方だった。監房の床半分は低い位置に据えられた木の台が占め、囚人はその上で眠った。奥にあるドアの向こうには背の低い板囲いがあり、そこにはトイレ用のバケツと自動ポンプのついた貯水タンクがあった。飲料水の蛇口はなかった。他には何もなく、房内は言いようもなく不潔だった。私がたじろいだ昨日の悪臭は、今朝になってさらに強烈になったようだった。ハンカチをいつも鼻に当てていないといられなかった。この悪臭の原因は間もなく分かった。

監房には、私以外に二人いた。一人は中国人の少女で、年の頃一四歳くらい。彼女の話では、二、三日前に道を歩いていて逮捕されたそうだ。ゲリラとは何の関係もなく、逮捕理由が思い当たらないと言う。かわいそうなことに、彼女の両親は娘がどこにいるのかさえ知らされていなかった。しかし彼女は、今日釈放されるだろうと考えていた。もう一人は少し年上の少女で、木の台に横になっていた。熱があるのかよく眠れないようで、時々うめき声を上げていた。「誰なの、この子？　具合悪そうね」年下の子に聞いた。

「分からない。ひどく叩かれてた。でも、全然しゃべらないの」

何かできることをしてあげたかったが、眠りを妨げたくはなかった。私は見張りを呼び、ほうきとココナツの殻をいくつかお願いした。当面、この監房が私の居場所になるのは明らかで、少しでも過ごしやすくした方が良さそうだったからだ。ココナツの殻で床をこすり、壁をきれいにした。そうこうしているうちに気の毒な少女が目を覚まし、仰向けになって目を見開いたまま、じっと中空を見つめていた。私はそばに行って座った。問いかけには一言も答えなかったが、体の傷は診させてくれた。哀れなほど痩せていて、体中打撲傷だらけ。背中にできた大きな膿瘍が激しい痛みを引き起こしていて、明らかにこれが発熱の原因だった。監房の悪臭の元は、この醜悪な傷からの腐敗した分泌物だ。膿瘍を水でできるだけ丁寧に洗い、とても十分とは言えなかったけれど、少女が少しでも楽になるようできることをした。

七時、朝食が配給された。ご飯粒がわずかばかり混ざったサゴ（サゴヤシの幹から取った、白色の米粒状のでんぷん）・カンジー――塩の入っていない、何の味もしない水っぽいお粥――だった。朝食は半分に割ったココナツの殻によそってあった。殻が小さければ、二杯もらえた。そうでなければ一杯だ。囚人は留置場に着き次第すぐに自分の殻が支給されたが、殻はたいてい不潔で、よく穴が空いていた。ひどく漏らないよう、穴はぼろ切れや紙で塞がれていた。飲み水については、当直の見張りに頼むしかなかった。

八時、監房は当直将校の点検を受けた。房内はすべてきれいで、きちんとしていなくてはならない。点検が終わると、法廷に出廷する囚人の名前を巡査部長が読み上げた。これら名前を呼ばれた者は監房から出されて二人一組で手首を縛られ、厳重な監視の下で引き立てられていった。往々にして囚人は歩くことができず、法廷まで担架で運ばれた。法廷に行く途中で息絶える囚人もいた。裁判を受ける囚人が出発した後、尋問が始まった。

終日にわたって囚人は監房から尋問に呼び出された。数分で戻ることもあったが、時には数時間後、体に殴打と拷問の痕も生々しく、ぼろぼろの状態で監房に運びこまれることもあった。監房での囚人の一日は、尋問と拷問の恐怖が常に目の前にあって、心身がむしばまれるように過ぎた。夕食だけが楽しみだった。

夕食は五時に配られた。茹でたタピオカ——割り当て量を超えていないか入念に計量されていた——だった。塩がつくこともあったが、たいていはなかった。このあまりに粗末な食事は、囚人を翌日の朝食まで持ちこたえさせようとするだけのものだった。しかし実際には、この飢え死にしそうな食事はたいてい、こっそり持ちこまれた食べ物で補われた。見て見ぬ振りだったり、警察が進んで外から差し入れをしてくれることもあった。

二人の少女のうち、若い方の子は私が収監された翌日に釈放された。夕方になって、戦前からの友人の訪問を受けた。日本軍が後ろ盾になっているインド独立同盟の指導的な人物（ドクターの出身地は当時のセイロン。カティガス家はインド人社会との結びつきが強い）で、特権階級だ。

「いかがですか、ミセスK？」

「ありがとうございます。何とかやっています」

「今、ドクターにお会いしてきたところです。お元気でしたよ。何か、私にできることはありますか」

「ええ、ございます。もしよろしければですが。ここにいるこの娘さん、ひどく具合が悪いんです。膿瘍からの分泌物で体を侵されていて、その毒素を抜く必要があります。この子は監房ではなく、病院に送られるべきです。この子が適切な治療を受けられるよう取り計らっていただけますでしょうか。この子、このままここにいたら、たぶん死んでしまいます。いずれにしても、私がこうした環境に置かれ、この悪臭を呼吸しなければならないというのは納得がいきません」

「娘さんのためにできることをしてみます、ミセスK」そう言って、彼は出ていった。彼は約束を果たしてくれた。翌日、少女は監禁を解かれた。

毎日二回、インド衛生委員会の作業員がトイレ用のバケツを空にするために監房にやってきた。サミーだということが分かって、うれしかった。彼は戦前、ブルースター通りの家々でも同じ仕事をしていて、一四一番地ではよく顔を合わせていた。私の窮状を目にして、サミーはとても心を痛めていた。今や監房には私一人だけだったので、彼と自由に話すことができた。彼の友人のサパンがトッコー監房のトイレ担当だと聞いて、喜んだ。ドクターと連絡し合うチャンスが与えられたからだ。サミーとサパンは監房すべてに自由に出入りでき、必要な作業を行なうに当たって邪魔されることはなかった。その上ジャップは人間の排泄物にふれることに対して極度の潔癖さからくる恐れの念があって、卑しくとも信義に厚い私の友人の体を調べることなど、およそ考えそうになかった。サミーは、紙と短くなった鉛筆をターバンに隠して持ってきた。そして、私の書く伝言を夫や外にいる私の子ども、あるいは友人の誰であれ、送り届けることを引き受けてくれた。

尋問を待つ囚人に、外から食べ物を受け取れるという恩恵が与えられることがあった。私たちのためにと友人が申請してくれ、ブルースター通りの家からあり余るほどの食べ物が届き始めた。この成功に励まされ、清潔な衣服を毎日受け取ること、そして着ていた服を洗濯に出すことが許可されるよう求めた。私はこうした件を認めてもらうことができた上に、毛布も手に入れることができた。服を洗濯に出すという機会も持てたことは大きな収穫だった。必要なら、外の世界に伝言を送ることができる第二のルートを手に入れたということだからだ。

困った時の別の友は、シーク教徒の警官ハーシャン・シンだった。ドーンの、刑事の友だちとして前にふれたカルヤン・シンのおじだ。日に二、三回、監房の外に彼のがっしりとした体とやさしそうな髭面を目にしたものだ。彼は決まってニュースを伝えてくれ、励ましてくれた。おいがトッコー課に勤務していたので、ハーシャン・シンはドクターを助けるためにもとても多くのことができた。おいを通じて、熱いコーヒーや新鮮な牛乳を自分の家から定期的にドクターに差し入れしてくれたのだ。

日を重ねるばかりで、未だ尋問を受けに監房から出されることはなく、それどころか逮捕理由さえ知らされなかった。そのため、ほとんど取り憑かれたように多くの違う人に話しかけ、細かな情報をできるだけたくさん集めるようになった。通路の、私の監房からそう遠くないところに洗面台があって、男の囚人が顔やココナツの殻を洗ったり、蛇口から飲み水を汲み置いたりしていた。女の囚人が男に話しかけることは禁じられていたが、この頃は私だけが女だったので単に規則を無視することにした。あらゆる機会を捉えて他の囚人と話し、噂話のほんの些細なことでさえも拾い集めた。また、監房の近くに来た警官にはあえて話しかけるようにした。お陰で、日々の出来事についてとても詳しくなり、友人が大勢できた。ラジオで受信された最新のニュースさえ聞いて知っていた。私にとって、ニュースはすべての中で最も貴重な情報だった。

まるまる一週間がこのようにして過ぎ、ついにある日の晩、トッコー課での尋問に私が呼ばれていると知らされた。囚人が尋問や法廷に向かうときは裸足で歩いていくものとされていたが、そのような屈辱への服従は断固拒否。靴を履いていくことを主張した。護衛が中庭から私を連れ出し、警察署の裏口を抜けて広場を通り、その向こうにあるトッコー課の建物へ先導した。

トッコー課の長であるクニチカとはそれまで面識はなかったが、その風評はよく聞いていた。彼のような人間の多くがそうであるように、戦前の何年かをマラヤのジョホールで外見的には真面目な生活を剥製師として送っていた。一見したところ、丸ぶちメガネをかけて坊主頭、長い軍刀を腰から引きずるようにして歩く他の日本軍将校と何ら変わらなかった。彼が見事な英語を話すことは知っていたが、取り調べではマレー語以外は使わなかった。

クニチカとはテーブルを挟んで立たされた。「真実だけを話してもらいたい」と言って、尋問が始まった。「ゲリラを治療したかね？」

「誰がゲリラなのかさえ知りません」

「嘘つけ」クニチカは叫び、籐の杖に手を伸ばした。杖の先端をつかんで体を乗り出し、取っ手の湾曲部を私の首にかけて自分の方へ引き寄せた。

「ゲリラを治療したのか」彼はくり返した。

「今、申し上げました。私はゲリラを知りません」

否定したことで、杖による殴打が頭と肩に雨のように降り注いだ。再び同じ質問をして同じ返事を聞かされると、途端に態度が一変した。「タバコはどうかな？」テーブルに置いてあったイギリス産の名のある銘柄が入った缶から一本を私に勧めながら言った。

「いいえ、結構です。吸いませんので」

彼は椅子から立ち上がってテーブルを回り、私の横に立った。顔には笑みを浮かべていた。「なあ、姉さん」私の腕をさすりながら話し出した。

「その手をどけなさい」そう言って、さっと腕を引いた。「私は囚人としてここに来ています。あなたの慰みものではありません」

こう返答すると、口汚い言葉で激しく罵(ののし)りながら顔の両側をくり返し平手打ちした。私は監房に戻された。

翌日、トッコー課に戻され、前日と同じ手順で始まった。

「ゲリラを治療したか」

「私はゲリラを知りません」

これを聞いてクニチカは、そばに立っている警官にうなずいた。警官は外に行き、少しして若者二人を連れて戻ってきた。二人はすぐに分かった。私の患者で、マラリアの治療をしてあげていた。しかし私の知る限り、暗くなってからこの二人がゲリラといっしょに治療に来たことはない。

「この女を知ってるか」クニチカは杖で私を指しながら聞いた。

「はい、トゥアン（男性に対するマレー語の敬称）。何週間か前、俺たちに注射してくれました。帰る前、紅茶とビスケットをもらいました。

ゲリラは全部診ています。ゲリラは毎晩八時に診療所に来ます」

「さあ、どうなんだ?」私の方に向き直って叫んだ。「真実を知ってる者がここに二人いるんだ。さっさと答えろ!」

「この二人と会ったことはありません」

中国人二人は連れ出された。クニチカともう一人の日本人——ケンペータイだということが後で分かった——が取り調べを続けた。二人は執拗だった。同じ質問を何度も何度もくり返した。「ゲリラを治療したか」私は常に同じように答えた。否定する度にクニチカからは杖で打たれ、ケンペータイの男からは激しい平手打ちを浴びた。同一の質問に対して何度同じ返事をしたか知れない。しかしとうとう彼らは叩くのに疲れたか、このやり方では効果がないと悟ったようだった。私は監房に戻された。

こうして新しい手口が試されることになった。何日間か監房には私一人だけだったが、新しい囚人が次々と収監された。その誰もが、自分はゲリラとつながりがあると言い、とても親しげで、会話に積極的だった。私は一切口を利かず、彼女たちの話に関心があるようなそぶりは見せなかった。クニチカから金をもらっていることを見抜くのはあまりに簡単だった。新しい囚人が監房にいると、見張りは誰も近づいてこなかった。新しい囚人は私たちと同じ食事をすることはなかった。私から何も聞き出すことができず、ついに送りこまれなくなった。

最初、理解できなかった、どうせ分かっているに違いないこと——ストライプの小屋から手に入れた証拠——を認めさせるためにジャップはどうしてこんなに手間をかける必要があるのかということが。ただ、ストライプが私に届けるよう命を受けた手紙の中身は正確にはどういったものだったのだろう? それを知る機会はなかった。ことによると、かなり注意深く言葉が選ばれていて、あの時点では私に突きつけるものとして使うことができなかった——もっと探り出すまではーーのではないか。あるいはひょっとして、手紙は手に入れてなくて、薬瓶(びん)という証拠だけで尋問をつないでいたのだろうか。分からない。いずれにせよ、できうる限り何も認めまい。そう腹を決めていた。ジャップに私は殺されるかも知れないが、あらゆる点において闘うつもりだった。

逮捕からおよそ二週間だったと思う。午後も遅くになって、トッコー課への次の呼び出しがあった。「今日は話すつもりでいるんだろうな?」部屋に通されると、クニチカが詰問口調で言った。お決まりの殴打を予想しながら、私は口を開かなかった。「ドクターを中に入れろ」が次の命令だった。その姿を一目見て、夫だということがほとんど分からなかった。倒れる寸前といった状態だった。裸足で、頭のてっぺんから足のつま先までずぶ濡れだ。ひどく痩せて青ざめている上、顔は青黒い打撲傷がいくつもあって原形を留めていない。「ビル、本当にすまない」私がいるのを見て、夫は言った。「ゲリラを治療してたって言うしかなかったんだ」

「気にしないで、ズィウ。いつかは分かることよ。乾いた服を着るようにしてね」

ドクターはすぐに連れ出されて監房に戻されたので、それ以上言葉を交わすことはできなかった。

クニチカはその日ほとんどの時間、ドクター一人に狙いを絞っていたことを後になって知った。最初、クニチカは軍刀を抜き、罪を認めないならすぐさま首を斬り落とすとおどしたという。このおどしが効かないとなると、夫はずっしりと重い籐の杖と木の棒で情け容赦なく打ちのめされた。最後は、水責めにかけられた。一回ではなく、三回だ。間違いなくこの刑は、独創性溢れる日本精神が生んだ極悪非道な産物の一つだ…。

夫が半ば引きずられるようにして部屋から運び出されると、トッコー課長は私に向き直った。「お前は嘘の達人だな。違うか」私は何も言わなかった。ドクターが自白した事については認めなくてはならないが、奴らがどのくらい知っているのかを突き止め、ドクターが少なくともこれ以上の苦しみから逃れられる、もっともらしい話をでっち上げるまでは何一つ言うまい。

「ゲリラを治療したかね?」

「はい、しました」

「ああ、それでいい。ようやく色々と助けてもらえそうだな。ＳＡＢとは何かな?　話してもらおうか、洗いざらい」

ということは、それくらいのことは手紙から分かったわけだ。でも、他には?　「これ以上、申し上げることはありません」

「しゃべるんだよ！」そう言って、お馴染みの足蹴りと殴打、平手打ち、そして罵りが続いた。しかしゲリラの治療を認めたこと以外、何かを付け加えることは拒否した。やがて痛みで体に力が入らず、衰弱しきった状態で監房に戻された。その夜、言って聞かせる話を心の中で練り上げ、何があろうとそれを押し通すことにした。朝になり、準備はできていた。

「SABとゲリラについて話せ。さもないと、昨日よりもつらい思いをすることになるぞ」

「承知しました」疲れきった声で答えた。「すべてお話しします。四、五カ月ほど前の、ある晩のことです。家にいたところ、九時頃になって玄関の扉を叩く音がしました。治療が必要な患者さんかお産の呼び出しだろうと思い、玄関に行って扉を開けました。すると三人の男が押し入ってきて、扉を閉めました。三人とも拳銃で武装していて、顔には黒い覆面を被っていました。ゲリラだと言っていました。病気の仲間を何人か治療してほしかったんです。『でも、それはできません』私は言いました。『日本軍の命令に逆らうなんてできません』『やるんだよ』そう言われました。『俺たちに楯突くと、ジャップに逆らうよりもっと痛い目に遭うことになるぞ。こっちは必死なんだ。いいか、お前が断るなら、今この場で撃ち殺す』私に何ができます？　相当な覚悟のようで、言葉通り撃つだろうと思いました。

段取りはこうです。患者は午後八時に家の裏木戸まで来て、三回叩いて到着を告げる。私は彼らを中に入れ、私自身が治療にあたる。家の他の者には一切知らせない。時々、薬品も供給する。ゲリラはほしいものを知らせる伝言を送り、彼らが来たときにはそれを用意しておかなくてはならない。Semua ada baik（バザール・マレー語で「万事順調」「万事良し」の意）の頭文字を取って短くしたSABは、薬を要求する伝言すべてに使われた暗号です」

「どうして警察にすべて報告しなかった？」

「怖かったんです。警察に知らせたら、私を殺し、家の者も皆殺しにすると言われました」

「政府よりもゲリラの方が怖いというのは、どういうわけだ？」

「政府は守ってくれないからです」

「どういうことだ？」

「何かあって、軍や警察が到着したときにはもう手遅れなんです」

「この話、俺が信じるとでも思っとるのか」

「事実です」

「これっぽっちも信じちゃいねえ。嘘をつき通したってわけだ」

殴打されながらも、本当の話であることは曲げなかった。クニチカは私の唇を親指と人さし指でつねり上げ、涙が出るまでねじった。そしてようやく、監房に戻ることが許された。その夜、トッコー課長に話したことすべてを書き出し、それをサミーに託した。彼はターバンのひだに丁寧に仕舞いこみ、間違いなくドクターに届けることを約束してくれた。

翌日、尋問に連れていかれると、トッコー課長はとても改まった感じで、礼儀に適った態度だった。「昨日のお前の供述について二、三聞きたいことがあってな。リム警部補と会ってもらおうか」

リム警部補に椅子を勧められ、ただただありがたくて座らせてもらった。それまでに受けた殴打で体中が痛くてならなかった。

「いくつかお聞きしなくてはなりません、ミセスK」親しげな口調で警部補は始めた。「初めに、ロミオとドン・ファンって誰なんですか」

「聞いたことがありません」

「キャプテンについてはご存知？」

「どういうことか分かりません」

「ご存知でしょう。あなたに対するこれほど明白な証拠があるのに、どうして嘘を突き通そうとされるんですか」

「証拠って、何でしょう？」私は聞いた。一瞬、私たちは一言もしゃべらず、互いに目を見交わした。すると警部補は、テーブルに開いてあった手紙にちらりと目をやった。そして黙ったまま、読むようにと前に押し出した。まるで救いの手が大きく差し伸べられたかのようだった。

手紙はノート半ページ分に書かれていて、漢字だった。一見して、私がチェン・イェンから受け取った他の手紙と同じだ。こう書いてあった。

ＳＡＢ。少し前にお聞きした質問にお答え願えますか。
一、キャプテンが投獄されている場所はどこですか。
二、ジャップ政府は、どこに医薬品を保管していますか。
三、現在、イポーでのジャップの兵力はどれほどですか。
私たちは皆、ずい分回復しました。感謝しています。あなたとご家族の幸運をドン・ファンとロミオとともに祈ります。

Ｃ・Ｙ

英語で書かれた別の手紙がこの手紙にクリップで留めてあった。その手紙には「姉さんへ」で始まり、「ロミオ」の署名があった。筆跡は確かにロミオのもののようだったが、リム警部補が手を伸ばして引っこめてしまったため、内容を読む時間はなかった。しかし、知る必要のあることすべてが分かった。


「こういった質問をしてきた、これの前の手紙は受け取りましたか」

「はい、受け取りました」

「その手紙はどうしました？　どう返事されたんですか」

「燃やしました。単に『分かりません』と答えました」

「手紙の調子は実に親しげですよね。なのに、まだこの人たちを知らないと言い張るんですか」

「もちろん、親しげですわ。自分の担当医に対しては、誰でも丁寧で親しげなのが普通です。確かに、この人たちは強制されて治療に当たった患者ですが、こんな洒落（しゃれ）た名前は間違いなく知りません」

「ロミオの姉とは誰ですか」

「ロミオが誰なのかも知らないんですよ。その姉について何が分かります？」

「イポーに住んでるに違いないんだがね」

「何も知らないと申し上げています」

「他にはもう言うことはありませんか」

「知っていることはすべて、あなたとあの日本人将校にお話ししました」

こうして、取り調べは終わった。新たに分かったことがあって、とてもうれしかった。手紙は十分不利な証拠だったが、そこにはドクターに罪を負わせるような記述は一つもない。巻きこまないでおくことができるだろうと思った。

監房に戻って夫へのメモを書き、誠実なサミーを介して送った。チェン・イェンからの手紙の内容と、私がリム警部補に供述したことを伝えた。唯一、本当に心配だったのは、ゲリラのパンジャンについてジャップが何かつかんでいやしないかということだった。負傷したゲリラからドクターが銃弾を摘出したことが知れれば、ドクターを救う手立てはない。メモには、パンジャンについては一切認めないように、と書いて念を押した。

次に、ゲリラ司令部に伝える情報を記（しる）したメモをモルに書いた。私宛てのチェン・イェンの手紙と姉宛てのロミオの手紙はトッコーの手にあることを伝えた。そして、ロミオが書いたものはすべて、ロミオの姉が家から始末するよう手配することをモルに頼んだ。ジャップは手紙からロミオの筆跡をつかんでいて、書いた本人を追跡すべく、それらしい家は虱潰（しらみつぶ）しに捜索するだろうからだ。仮にロミオを確保できないとなれば、彼の家族が苦しむことになるのは目に見えている。当のモルには、ぐずぐずしていないで丘に向かうよう助言した。そして、もしもバーが、現在厳しい状況にあるゲリラに合流しないのなら、イポーに来て暮らすのが一番良いと提案した。このメモは違うルートで送ることにした。

毎朝早く、牛乳と新鮮な野菜を手に入れようと、ウィリアムはパパンまで車で出かけていた。息子は、私とドクターに食べ物と着替えを留置場まで届けにきてくれていたのだ。留置場に入ることは許されず、持ってきたものはすべて、入口で当直の警官に手渡さなければならなかった。

モルへのメモをどう手配したものかと考えていたとき、私が逮捕された夜に当直だった巡査部長が折り良くまた当直に当たった。その巡査部長が夕食の配給を監督しにやってきたとき、機会をとらえてそっと話しかけた。「巡査部長、お願いがあります。今夜、息子が食べ物を持ってきたとき、一言だけ話をさせてもらえないでしょうか」

「どうしてかね、ミッスィー。許可されてないってことはご存知でしょう」

「下の娘の食事と飲み薬の種類について指示したいんです」

「そうですか。いいでしょう、ミッスィー」

一、二時間後、巡査部長が監房に来て、ドアの鍵を開けてくれた。用意しておいた汚れ物の服の束を取り、巡査部長の後を追って留置場と警察署との間にある鉄格子の門へと向かった。手紙は、洗濯に出すワンピースの裾の折り返し部分に前もって押しこんである。門の向こう側にウィリアムが立っていた。すると、巡査部長が声の届かないところに離れていった。持ってきてくれた食事を鉄格子の隙間から受け取るとき、ウィリアムに小さな声で素早く話しかけた。「ワンピースのへりにモル宛ての緊急の手紙が入ってる。朝、パパンに行ったとき、渡して。無事渡せたら、差し入れに固茹で卵を入れて知らせて」鉄格子の隙間から服の束を押し出そうとした。と、その時、巡査部長が現れた。口から心臓が飛び出しそうなくらい驚いた。巡査部長は服の束をほどき、一つひとつ揺すった。幸いにもメモはワンピースのへりにしっかり押しこんであって、落ちることはなかった。服の束はもう一度結(ゆ)わかれ、ウィリアムに渡された。ほっと息をついた。しかし、再びこの連絡ルートを使うのは安全ではないと思った。

「忘れないでよ、ウィリアム。ドーンにはアガロールよ」

「分かったよ、母さん。元気出してね」そして私たちは別れた。

翌日は一日中、気が気ではなかった。届けられた食事には卵が入っていなかった。二日目、あった。胸をなで下ろした。

第一三章

慈悲の心のかけらもない

私の記憶の底には、その後何週間にも及んだ尋問が支離滅裂な悪夢のように棲みついている。日々の細かなことは思い出せない。事前に知らされることなく、昼夜を分かたずあらゆる時間に尋問に呼び出された。時には一日に少なくても一回、またある時には二回。それが毎日、たぶん一週間続いた。二、三日、忘れられたように呼び出しのないこともあった。その後、それ以前と同じ手順で再開された。尋問の方法は、特に巧妙なものではなかった。何度も何度も同じ質問をされ、その度に同じ答えを返した。「知りません」

彼らは、私の体から真相を叩き出そうとするかのようだった。満足のいかない答——一切満足しなかった——の度に、強烈な肉体的苦痛の一服が様々な量と様々な形で盛られた。たいていは殴られ、顔を平手打ちされ、木の棒かずっしりと重い籐の杖で打たれた。集中的に打ちすえられた箇所は、生命に影響する神経や臓器がない部分だ。永続的な損傷が犠牲者に生じることがないからだ。とり分け、上腕の外側、大腿部、そしてふくらはぎが選ばれた。私の体のこうした部分はすぐに腫れ上がって打撲傷となり、その痛みから横になれず、眠って体を休ませることができなくなった。

時折、殴打から目先を変えて、他の拷問が試された。水責めであったり、苦痛を強いる他の同様に極悪非道な方法だった。口を割らせようと、クニチカは自分の武器庫のあらゆる武器を試しているかのようだった。彼の監督の下、私の手はテーブルの上で開かれて強く押さえつけられ、警官——この務めを、私と同じくらい嫌がっている警官も何人かいた——が指の爪の下を針で突き刺した。鉄の棒を炭の火鉢で焼いて熱し、足や背中に押しつけた。両手の人さし指と中指の間に杖を渡し、杖を挟んだ両指を強く圧迫したまま両肘を高く掲げさせられた。そして両手を支点にして杖の両端を二人の男がシーソーのように上下させ、指の肉を削ぎ落とした。杖のささくれ立った先端を膝裏に押し当て、私が痛みで悲鳴を上げるまでねじった。声を限りに叫び、怒鳴り立てることでわずかに気を紛らせたものだ。失神して床に倒れ、それ以上の苦しみから免れたことも何度かあった。しかしクニチカとその手先を相手に最後まで持ちこたえ、一切口を割ることはなかった。

クニチカは、ゲリラの治療は私自らの意志によるものだと認めさせようとしたこともある。しかし尋問は多くの場合、さらに情報を得ようとするためのものだった。パパンのゲリラ指揮官は誰だ？　そいつの名は？　どんな奴だ？　司令部はどこにある？　勢力はどのくらいか。どういう連中なのか。食料の入手先は？　誰がゲリラに金を渡しているのか。手紙を届けたのは誰だ？　パパンの諜報員は誰だ？　パパンでゲリラを支援しているのは誰か。ドン・ファンとは何者だ？　ロミオは何者だ？　キャプテンとは誰のことだ？　ゲリラの装備は？　オーストラリア兵やグルカ兵、イギリス兵はゲリラと行動しているのか。

こうした質問のすべて、そして他の数え切れないほどの質問に対して私の答えは一つ。「知りません」ドクターもまた、同じように殴打され、拷問を受けた。しかし夫は、私が考えて伝えた言い分を通した。日がたつにつれ、クニチカは私の方により集中するようになり、私はそれがありがたかった。

ある日の朝、変化があった。ドクターと私は二人して監房から出され、護衛に監視されながらペラ州政庁として接収されていた聖マイケル学院へ連れていかれた。ルーパート修道士の教室だったと思われる部屋に入れられた。部屋には日本軍将校が一人いた。「お早うございます、将校殿」私は言った。

予想通り、挨拶への返礼は二、三発の激しい平手打ちだった。「マレー語をしゃべらんか」将校は怒鳴った。「日本人にはトゥアンと呼べ」

「私は英語で話します。イギリス人に対して『トゥアン』を使ったことはありません。なのに、なぜあなたをそう呼ばなければならないのですか」

続けざまの平手打ちと殴打だけがその返事だった。

最初にドクターが隣室に呼ばれた。夫への質問は聞こえなかったが、叫び声と重々しい殴打の音ははっきりと聞こえた。夫は三〇分ほどして出てきた。顔は青ざめ、体は震えていたが、断固とした表情だった。すぐに自分の番だったので、言葉をかけることはできなかった。

連れていかれた部屋には、それまでに見たことのない日本軍将校が数人いた。「ドクターは白状したぞ、負傷したゲリラから銃弾を摘出したってことをな。さあ、どうなんだ？」一人が言った。

策略だということは分かっていた。

「それは違います。拷問のせいで、そう言うしかなかったんです。銃傷を負ったゲリラが私どものところへ来たことはありません。いずれにしても、ゲリラの治療にドクターが関わったことはありません。ゲリラは、私がしていることをドクターには知られたくなかったんです。夫が家にいるとき、ゲリラがやってくることはありませんでした。何が行なわれているのか薄々気づいていたかも知れませんが、夫が関係したことはありません。この件については二人で話し合ったことすらありません」

「銃傷を負ったその男を捕まえてあってな。銃弾二発をドクターが足から取り除いてくれたって認めてるぞ」

「では、その男は嘘を言ってるんです。ドクターは一切、そういった事はしていません。そんな手術ができるかどうか怪しいものです。もう二〇年以上、手術器具にはふれていませんから」

「銃弾を取り除いたのがドクターでないなら、やったのはお前だ」

これには何も言わなかった。驚いたことに取り調べは終わりとなり、部屋から出された。数時間、座って待たされた。夫と話すことは一切許されなかった。建物の中では大変な混乱が起きているようだった。後になって知ったところでは、何日か前にゲリラに拉致された裕福で影響力のある中国人実業家が解放されたためだった。正午過ぎ、イポーの通りを抜けて警察の留置場に向かわされた。

裸足で歩かされ、私は裂傷があってひどく足を引きずっていた。その時、かつてわが家で所有していた見事な車が目に留まり、足を止めた。車は今ではペラの日本人知事の旗を翻し、州庁舎の外で止まった。「何て泥棒なのよーっ！」入口に立つ門衛の一人に向かって叫んだ。「それ、うちの車よ。なのに私たち今、歩かなっきゃならないのよ」

「ミッスィー、どうか静かにしてください」門衛が心配そうに答えた。

「私、本当のこと言ってない?」

この時間、通りは人でいっぱいだった。たくさんの友人や知り合いと行き合った。私たちのことを見向きもしない人もいた。こんな危険な犯罪者と知り合いだということを認めるのが怖かったのかも知れない。あるいは、単に気づかなかっただけなのかも知れない。だとしても、それは驚くには当たらない。私たちは見るからに悲惨な様相を呈していたからだ。私の顔は殴打されて腫れ上がり、変形していた。他方、髭を剃ることも髪を切ることも許されなかったドクターは髭ぼうぼうで、ほとんど肩に届くほど伸び放題となった髪が、信じられないほどにやつれて青ざめた顔をおおっていた。しかし私たちに気づいてくれる人もいて、声をかけたり、笑顔で挨拶してくれたりした。私たちはできるだけ明るく挨拶を返した。

いったん州庁舎から離れると、並んで歩きながら話すのを護衛が許してくれた。私は、尋問で言ったことをドクターに伝え、その話で通すよう頼んだ。ゲリラの治療については全責任を負ったからと話したことで、夫はひどくうろたえた。

「何でそんなことを言ったんだ、ビル? お前、間違いなく殺されるぞ」

「どっちみち殺されるでしょうね。分かってる。でも死ぬのは一回切りよ。ただ、あなたまで巻き添えになってしまったら、元も子もない。単に常識だわ」

「それは駄目だ、ビル」

「子どもたちのことを考えなくっちゃ、ズィウ。親が二人ともいなくなったら、誰があの子たちの面倒を見るの? お願いだから私の言う通りにして。あなたには助かってほしい。あなたが私についてジャップに何を言おうと問題じゃないの。下手に楯突こうとするより、奴らが望むことはすべて認めちゃう方がいいのよ。でないと、拷問で殺されるかも知れない。それって、私たちの思いが駄目になるってことよ。でも、ゲリラのパンジャンについては絶対に認めないこと。でないと、間違いなく首をはねられることになるでしょうから。子どもたちのために生きて。私一人に闘わせて。私は殺されるかも知れない。でも、絶対奴らには負けない」

夫は何も言わなかった。そしてそれ以上の会話は護衛が許さなかった。もう警察署が近かったからだ。

その晩、オルガに手紙を書いた。ジャップがパンジャンについて事実をつかんだ今、あまりに軽率にも私が庭に埋めた銃弾はドクターの命取りになる恐れがあった。もしもジャップが本当に徹底した捜索をすることにしたら、銃弾はきっと見つけられてしまうだろう。

こう書いた。

愛するオルガへ

パパンに行き、あなただけで以下の指示をすぐに実行してください。ドミニクに言って、銃弾が入っている瓶(びん)を掘ってもらいなさい。これは、母さんとドミニクが菜園に埋めたものです。場所を知っているのはドミニクだけです。瓶を割って銃弾を取り出し、イポーへの幹線道路手前の橋から川へ投げ捨てなさい。どんなことがあっても、銃弾を持っているところをジャップや警官に見咎(とが)められないように。父さんの命は、あなたがこの指示をどう果たすかにかかっています。この手紙に返事を出そうとはしないで。でも、銃弾を無事始末したら、差し入れの中に固茹(ゆ)で卵を一つ入れなさい。

あなたとドーン、おばあちゃんに愛とキスを

愛する母より

この手紙は、紙の切れ端に小さな字で書いた。サミーがいつもの仕事でやってきたときに手渡した。彼は、ぼろぼろのターバンの折り目に注意深く隠した。「必ず娘のオルガだけに渡して。返事はもらわなくていいから」

「任せてください、ミッスィー」

その夜、そして翌日と、あんな危うい手紙を送るという危険を冒したことを何度か悔やんだ。銃弾は元あった場所にそ

のまま埋めておいた方が良かったのではないかと考えた。サミーが無事届けてくれますようにと祈った。次の日、夕食に固茹で卵が入っていて、どれほど救われたことか。すぐにサミーを通して短いメモをドクターに届けてもらった。こう書き送った。「オルガが銃弾を始末しました。もう見つかる恐れはありません」

翌朝、夫と私はジャップの州庁舎にもう一度連れていかれた。今回は私が最初に尋問に呼ばれた。私は喜んだ。ドクターはゲリラとは関係していないという私の言い分をジャップが認めたということの表れだからだ。尋問が始まった。

「結局、負傷したゲリラを治療したのはお前ってことだな」

「そうした事はしていません」

「足を負傷した男の治療を否定するのか」

「足に潰瘍（かいよう）ができた男を治療した覚えはあります。その事でしょうか」

「潰瘍ができた理由は？」

「潰瘍ができる人は大勢います。食事でタピオカを食べ過ぎるんです。それが原因だと思います」

「なぜお前はニッポン軍の兵力を調べようとしたのか」

「していません」

「自ら進んで本当のことを言わんと、無理にでも言わせることになるぞ」

連中はあらん限りの力で私の体を蹴ったり、殴ったりした。もはや回復不能なまでに打撲傷が残り、出血が止まらなかった。半死半生で待合室に戻された。

クニチカの怒鳴り声、そして籐の杖や木の棒で激しく叩く音が聞こえた。このような仕打ちに夫は耐えられないのではないかと恐ろしかった。私をかばい立てしようなどと思っていないことを願った。ようやく苦行が終わり、ドクターはよろめきながら部屋に戻された。服は裂け、皮膚が露出した箇所はどこも打撲傷だらけでぞっとするようだった。顔は醜く腫れ上がり、額の大きな切り傷はひどく出血していた。夫にいたわりの言葉一つかける間もなく、直ちにさらなる尋問に呼び出された。隣の部屋へとベランダを歩いていると、私を呼びに来たインド人通訳が一瞬歩を緩めた。「イポーの日本軍の兵力を調べるよう、あなたから頼まれたことをドクターは認めましたよ。あなたもお認めになって、この拷問からご自身をお救いなさい」

この上ない情報だった。もしも私がこの事を否定し続けることができれば、連中はドクターを信頼できる情報源とは見なさなくなり、夫への関心はなくなるかも知れない。連中が私に持ちかけるすべてに対して自分の立場を固持することにした。

「ゲリラにとって、お前は看護師である上にスパイでもあるんだな」

「そういった者ではありません」

「イポーの我々の兵力を調べるようお前が夫に頼んだことは分かっておってな。奴はすでに白状しておる」

「だとしたら、あなた方や拷問が恐ろしくて嘘を言ってるんです」

「嘘つきはお前だ。本当のことを言うまで罰せられることになるぞ」

その言葉通りだった。処罰は本気で行われた。口を割らせようと、あらゆる方法が用いられた。ついには、体全体がずきずきする大きな痛みの塊のようだった。声を限りに叫び、怒鳴った。時折、拷問は止み、尋問がくり返された。断固、否認を貫いた。そして再び拷問が始まった。とうとう体にまったく力が入らなくなり、床に倒れこんだ。重いブーツで蹴り続けられても動けなかった。足を引きずりながら待合室に運ばれた。部屋の真ん中で倒れ、意識を失った。

意識が戻ると、ドクターが片方の手で私の頭を支え、もう一方の手で脈を取っていた。後になって聞いたところでは、私が尋問されていた部屋から聞こえてくる恐ろしい物音からして、今度ばかりはジャップに私が殺されたと思ったのだそうだ。まだ生きていると分かって飲み水をお願いしたが、周りに立っている事務員も巡査も囚人を助けることでジャップの怒りを買いたくはなかった。私の尋問の場にいたケンペータイの一人が入ってきて、私の容態を本当に気遣ってくれているようだった。

「お願いします。どうかお水を少し飲ませてください」私は言った。夫そのケンペーの命令で、水の入ったグラスが運ばれてきた。そして、自分の車まで私たちを連れてくるよう命じた。夫に一口水を飲ませてもらった途端、日本人のご主人様を恐れる見張りが夫の肩を叩き、囚人が出過ぎた真似をするなとばかりに私から遠ざけた。私は懸命に立ち上がろうとしたが、到底無理だった。事務室で仕事をしていた事務員が同情や好奇心から周りに大勢集まっていたが、ジャップを恐れるあまり、誰も手を貸してくれようとはしなかった。ようやく一人、他の人たちより勇敢で思いやりのある人が進み出て私を抱え上げ、待っている車に運んでくれた。

警察署には少し走っただけで到着した。夫は私の容態を心底案じていて、トッコー監房に連れていかれるときには今にも泣き出しそうだった。送り返された私の状態を目にして、警察署の友人たちはこれ以上にない憎しみと嘆きを口にした。入口で門番をしていた巡査は銃を放り出し、私を腕に抱えて監房に運んでくれた。「ミッスィー」彼は激しい口振りで言った。「銃を取って、目にしたジャップを端から撃ち殺してやりてえよ」

「そんな馬鹿な真似、どうかしないでよ。こんなこと、いつまでも続きゃあしないわ。それに、あなたが頼りの家族がいるんでしょ?」

当直の巡査部長が巡査何人かを連れ、監房にやってきた。「これはひどい、ミッスィー。イギリスはいつになったら戻ってくるんだ? 何かできることはありますか」

「あなた方とまたいっしょになれて良かった。口にふくむ水を少し頂けるかしら?」

氷だけでなく、新鮮な牛乳もハーシャン・シンの家から届けられた。牛乳はとても飲みこめなかったが、彼らはスプーンでひと匙(さじ)ずつ辛抱強く口に運んでくれた。夜になり、監房には長椅子が運びこまれ、巡査部長の家から持ってきた柔らかい毛布が幾重にもかけられた。服は血糊で体に貼り付いていたが、彼らはいちいち水を浸みこませ、傷口からそっとはがしてくれた。その後、毛布でおおって着替えさせてくれ、楽になることができた。病院の熟練看護師であってもあれほどやさしく、思いやりのある仕事はできないだろう。私の背中は、肩から腰までまるで生肉のようだと口々に言っていた。

「ジャップの将校が突然やってくるんじゃないの？　あなたたちみんな、厄介なことになるわよ」

「心配はご無用です。仮に来たら、私が足止めします。その間に見張りが奥さんを寝台に乗せ、長椅子と毛布は隠します。いなくなったら、また元に戻しますから」

心やさしい友人たちの介護に対し、感謝を表す言葉がなかった。「ありがとう、巡査部長」としか言えなかった。

第一四章

慈悲の心のかけらもない

何日間か放っておかれ、尋問で痛めつけられた体を休ませることができた。ドクターの尋問は止んでいたが、どういう訳か外から食べ物を受け取ることは禁じられていた。対して、私への差し入れは引き続き許可されていた。しかし、この事で夫が困るということはなかった。この頃には、警察署とドクターがいたトッコー課それぞれの留置場の正規看守全員が私たちの友人のようになっていたからだ。ドクターは外からこっそり持ちこまれるかなりの量の差し入れを受け取っていて、一人では食べきれないほどだった。彼はそれを他の囚人に配ることができた。タバコも手に入ったし、外部のニュースを絶えず知ることもできた。私たち二人の伝言を快く引き受けてくれない看守は一人としていなかったので、自由に連絡し合うことができた。日本統治への憎しみと、イギリスが戻ってくることへの切なる思いを隠そうとする看守はいなかった。彼らは私たちへの善意と同情を数えきれないほどのかたちで示してくれた。

土曜日の夜は毎週、留置場ではお祭り騒ぎだった。食べ物が残してあって、外部からこっそり持ちこまれた別のごちそうもあった。見張りや当直の警察下士官でさえもがこの宴会に参加した。宴会の後、知っているすべての抗日歌を歌い、大いに士気が上がった。宴会は一一時半まで続いた。その後は、映画やキャバレーの夕べから戻ってくる神の子たちの深夜巡回が予想されるため、宴会の形跡はすべて消された。そしてイポー時計台から一二時の鐘が響く頃には、留置場は墓場のようにしいんと静まり返った。私たちは害虫がはびこる寝台やコンクリートの冷たい床に横になった。やがて日本軍将校が巡回に来ると、見張りと当直下士官が報告する声が響いた。「すべて異常なし」

ある日の晩、中国語の歌を口ずさむ素晴らしい歌声が近くの監房から聞こえてきた。「あれ、誰なの?」私は見張りに聞いた。

「名前は分かりませんが、ゲリラと関係があるそうです」

「その人と少し話せるかしら」

「いいですとも」

見張りは立ち去り、錠を外す音がした。少しして、見覚えのない中国人の若者と戻ってきた。顔には深いしわが刻まれていた。かなりつらい経験をしたようだったが、断固たる面構えだ。クニチカにとっては手強い相手に違いない。

「奥さん、こんばんは」彼は広東語(かんとん)で言った。「奥さんのことはずい分聞いています。このような状況でお会いするのがとても残念です」

「キャプテンとして知られているライ・フックさんですか」

「そうです」

「ジャップは知ってるの?」

「最初は知らなかったんですが、内通者が私だと気づいて通報したんです」

「連中は、あなたに何を?」

「拷問で危うく殺されかけましたが、一切口は割りませんでした。連中は今、抱きこもうと躍起です。良い食事と快適なベッドが与えられています。ジャップに協力するなら、重要なポストや大邸宅、自動車、大金、女などを提供すると言われています。時間の無駄になるでしょう。いずれ拷問を再開し、最後は殺されると思います」

「あなたに会えて誇らしく思います。私と話したことが知られないようにしてください。あなたと会って話をしたことを私が認めたなどと言ってきたら、それは何かの策略ですよ。私も口をつぐんで、しゃべりませんから」

「承知しました」そう答えて、彼は自分の監房に戻された。

ライ・フックと再び会うことはなかった。後に、何があったのかを知った。彼の予感は正しかった。誘惑は拷問よりも効果的ではないということになり、ついにクニチカはライ・フックの抵抗を打ち崩すことを断念した。ある朝、警察本部長が護衛を引き連れて警察署に現れ、ゲリラ指揮官を町外れの人気(ひとけ)のない場所に連れ出した。本部長自らがその首を軍刀で斬り落としたという。

この事があってすぐ後、私は激しい衝撃を受けることになる。見張りの一人が私の監房に来て教えてくれたのだ。「ミッスィー、上の娘さんが逮捕されました。今、取り調べ室です。何の容疑かは分かりませんが、突き止めますから」

新たな、予想外の事態だった。銃弾については、間違いなく気づかれていないんでしょ？　だったら、オルガの罪は他の何だっていうの！　巡査部長が来て、娘は配給を大幅に越える量の砂糖を車で運んでいてメングレンブーで逮捕されたと聞き、どれほど救われたことか。娘は保釈が認められた。ウィリアムが動いたのだ。そして娘のこの一件はイポーに移されることになった。

「巡査部長、この件を担当する警部補の方をどうか見つけてください。ここまで足を運んでいただけるかお願いしてみてください」

数時間してシヴァム警部補が現れ、オルガの件の担当だと教えてくれた。とてもうれしかった。シヴァムは古くからの友人で、彼なら私と家族のために最善を尽くしてくれるだろうと思った。オルガは配給の砂糖をパパンとイポーの二家族分受け取っていることを説明し、家族それぞれの人数を伝えた。私はまた、娘を警察署や法廷に留め置いてほしくないこと、そうならないよう手を尽くしてもらえないかと、すがる思いで訴えた。

「心配はご無用です、ミセスK。まったくの間違いのようです。何事も起こらないよう、最善を尽くしますので」

一、二日後、訴訟（そしょう）が棄却されたと聞いた。シヴァム警部補もまた、困った時の真の友だった。

拷問からの一時的な休みも長くは続かなかった。さらなる尋問に十分耐えうると判断が下され、恐ろしい作業手順が再び一から始まった。私の件は今や、トッコーからケンペータイに引き継がれたということが明らかだった。トッコー課長のクニチカに再び会うことはなかった。

私の主任取り調べ官は軍警察の軍曹で、背の低い、がっしりした体つきの男だった。名前はヨシムラだ。トッコー課で尋問されることもあったが、ケンペータイ司令部に連れていかれることが多かった。司令部は町の住宅地に立つ豪邸に置かれていた。

尋問と拷問というお馴染みの手順がこれまでと同様に続いた。しかし尋問はより狡猾に練られていて、私を抜き差しならない状況に追いこむよう仕組まれていた。絶えず気を引き締めていなければならなかった。取るに足らない、馬鹿々しい以外の何物でもないと思われた一連の質問が最後になると実はそうではなく、落とし穴が隠されていた。

「初めっからやっていくとするか」と言って、ヨシムラは始めた。「お前に対してはあらゆる証拠が揃っててな。だから本当のことを話して、あれこれ不愉快なことは避けた方が身のためだぞ。お前の氏名は？」

「シビル・カティガスです」

「それはありえんだろう。カティガスはドクターの名だ。ドクターの名を使う権利はお前にはない。ドクターはお前が犯した犯罪とは無関係だ。お前は我が身を守るために奴を盾にし、その名を使うことで罪を着せようとしとるんだな」

「私は妻です。夫の名を使わないわけにはいきません」

「それはおかしい。ドクターの名はいいから、さっさとお前自身の名を言わんか」

「シビル・カティガス」

「結婚前の名は？」

「シビル・デイリー」

「だったら、それがお前の名だ。どうしてすぐに本当のことを言わんのか。お前はドクターの愛人か。それとも本当に結婚しとるのか」

「結婚証明書があります」

「民族は？」

「ユーラシア人です」

「それが、日本政府の敵だという理由だな。歳は？」

「四三です」

「子どもは何人だ？」

「三人」

「買ったのか」

「いいえ、女の子二人は私自身の子で、男の子は養子です」

「これまで投獄されたことは？」

「あなた方に捕まるまでは、警察署の中すら見たことはありません」

「生意気な口を叩いてないで、ちゃんと答えんか。泥棒とかゲリラのような人殺しではないのか」

「今まで生きてきて、一度たりとも盗みを働いたり、人を殺したことはありません。ゲリラについては何も知らないし、何をしているのかも知りません」

「だが、病気のときは治療したんだろ？」

「するしかなかったんです。殺すっておどされたんです」

「嘘を言っとるな。さっさと本当のことを言わんと、最悪の事態になるぞ」

そうなった。お決まりの猛烈な殴打と鞭打ち、そして極悪非道な拷問が行なわれた。しかし、不断の祈りが天に通じた。否認を貫く力を授かり、最後は意識を失ってありがたくも放免となった。
二、三日して、また尋問が続けられた。
「生まれはどこだ？」

「スマトラのメダンです」

「どうしてそこで生まれたのか」

「分かりません。母に聞いてみるべきかと」

「かわいそうにもお前の老母が責められるべきではないな。これは、また別の、お前の犯罪でもある。お前はわざとオランダの植民地（オランダ領東インドのこと。現在のインドネシア）で生まれることを選んだのだ。オランダがダイ・ニッポンの敵だということを知っていたからだ。どうしてお前はドクターと結婚したのか」

「申し訳ありませんが、一つお聞きかせください。あなたは結婚されていますか」

一瞬、彼は質問されて呆気（あっけ）にとられたが、答えた。「もちろんだ」

「なぜ結婚されたのですか」

にやっと、彼は満足げに笑った。「女が好きでな。で、今の妻と結婚したのだ」

「同じです。私も男が好きなんです。で、夫と結婚しました」

一本取られたと気づき、にやにや笑いは怒りに満ちた苦々しい顔つきに変わった。

「嘘だ。お前がドクターと結婚したのは、奴にゲリラを治療してもらいたかったからだ。このことをお前は何年も前に計画しておったのだ。戦争のずっと前からな」

似たような調子で、他の質問や難癖に等しい物言いが続いた。あまりにも馬鹿げていて、やがて本当のことと嘘との違いがほとんど分からなくなった。おそらく、それが狙いだったのだ。

「夫がイポーに戻っておって、なぜお前はパパンに残っとるのか」

「イポーのわが家と診療所が日本軍の衛生隊に占拠されていたからです」

「家は戻されたではないか」

「食糧を増産しろという政府の命令に従ったまでです。大きな菜園を作ってあって、そばにいて世話をしなければならなかったんです」

「お前の家にいる男どもはどうして外に働きに出んのか」

「そうしてほしくないからです」

「なぜだ？」

「私の仕事や家事を手伝ってほしかったからです」

「そうやっていて、いつまで続けられると考えていた？」

「資金と薬品が続くうちはと考えていました。町の貧しい人たちの健康に対する奉仕義務が果たせる間はと」

「イギリスがすぐ戻ってくると思ってたか」

「どうしてそんなことを？　イギリスは今にも敗北寸前だと、新聞や政府発表で報道されているんですよ」

「パパンの家の連中全員について説明しろ」

「ウィーヴァー夫妻は老齢で体が弱く、働くことができません。戦前は息子さんのフランシスが店員として働き、両親を支えていました」

「パパンに来る前、フランシスはどこにいた？」

「休暇でシンガポールに行っていました。日本軍がマラヤを攻撃し、シンガポールが陥落するまで家には帰れませんでした。弟のドミニクはまだ学校に通っていました」

「そいつは今、どうしてニッポン・ゴ学校に行っとらんのか」

「もうすぐ入学という時になって、母親が転んで足を骨折してしまったんです。何ヵ月もベッドから起きられませんでした。ドミニクはそばにいて、私が世話をするのを手伝わなければなりませんでした。それに、彼の父親は慢性的に病弱で、息子の介助が必要だったんです」

「バーはどうなんだ？　奴が元の仕事に戻ろうとするのをなぜ止めた？」

「医薬品の関係で手伝ってもらいました」

「だが、あいつは電気技師ではないか。お前の仕事の何が手伝えるんだ？」

「薬瓶（びん）に貼るラベルに薬品名を書いてもらったり、患者さんの名前や施（ほどこ）した治療、診療代金などを記録簿に記入してもらいました」

「ウィリアムは？」

「バーと同じ仕事をイポーの夫のところでしていました」

「しかし、ドクターには調剤師がいるではないか」

「イポーは大きな町ですから、人手が要るんです」

「戦前、ドクターの調剤師はどうしてたんだ？」

「私自身が手伝っていました」

質問はここで、犯罪の証拠となりそうな手紙へと移った。

「キャプテンを知っとるかね」

「知りません」

「奴の監房を見つけようとはしなかったのか」

「どうしてそんなことを？　私自身が囚人で、常に厳しく監視されているんですよ」

「我が軍の医薬品がどこに保管されてるか見つけようとしたか」

「していません」

「だが、ドクターを通じてイポーでの我が軍の兵力を調べようとはしたよな？」

「そうした事はしていません」

「お前の手紙には、『C・Y』と署名がある。誰だ？」

「分かりません。ゲリラ司令部の誰かではないでしょうか」

「ゲリラ司令部に案内せい」

「どこにあるのか知りません」

「知ってるはずだぞ。ゲリラから信頼厚いスパイではないか。奴らの反逆行為を助けようと、全力を尽くしてきたんだろうが」

「ゲリラについては何も知らないと申し上げています」

「本当のことを話して我々に協力せんなら、お前を殺すことになるぞ」

「死ぬ覚悟はすっかりできています」

尋問と拷問が終わり、衰弱しきった状態で部屋から引きずり出されたときには死んだも同然だった。この頃になると、痛みがないということがどういう感覚なのか忘れ始めていた。

この作業手順が来る日も来る日も続き、ついに時間の感覚がなくなった。同じ質問が何度もくり返され、供述の些細な部分がいちいちつけこまれた。時としてヨシムラは、それまでにない手法を採った。私が椅子に座ることを許し、やさしく理性的に私の愚かさについて諭したり、氷水やコーヒーを度々持ってこさせたりした。しかし全体としては、殴られたり、つねられたりしたことが他のより巧妙な拷問と相まって、慢性的な痛みの遠因になっていた。

監房で毎日ひざまずき、ジャップが課してくる最悪の事態に耐える力をと、長い時間祈って過ごした　そして、拷問による激しい苦痛にさらされながら、イエス様の聖なる御名を大声で叫んだ。神の庇護がなければ、生き延びることはできなかっただろう。

尋問に呼び出されると、大切なロザリオ（カトリック教徒が祈りのときに用いる、十字架の付いた数珠状の輪）——初めての聖体拝領（キリストの血と肉にあたる、ぶどう酒とパンを口にする儀式）の際に頂いた——は監房に隠して、見つからないようにしていた。ところがある日、隠すのを忘れ、激しい殴打を受けて床に倒れこんだときにロザリオがポケットからこぼれ落ちてしまったのだ。ケンペーが踏みつぶそうと重いブーツを上げた瞬間、すんでのところでロザリオの上に手を投げ出すことができた。「やってみな！」ケンペーを見上げて言った。ケンペーは顔を背け、私はロザリオをポケットに戻した。

こうして数週間が過ぎた。しかしヨシムラは何一つ成果を挙げることはできなかった。時に体は、激しい痛みでどろどろだった。あちこち生傷だらけで、皮膚が残っている部分は紫がかった色に醜く変色していた。手足を動かす度に激しい痛みに襲われ、眠ることも食べることもほとんどできなかった。ようやくにしてうんざりする取り調べが終わりを迎えた。タイプされた文書の束が渡され、私の供述に署名するよう言われた。一言一句残らず読み上げられるまでは、断ることにした。ヨシムラによるたくさんの書きこみは、私が認めなかったために削除された。そうなって初めてそれぞれの書面に署名し、パパンでいっしょに生活していた全員の名前を書き出した一覧をヨシムラに渡した。

「実に頑固な女だ」ヨシムラが言った。「だが、いずれ真相を話すことになる。これっぽっちしかない監房の食事がお前の口にどれだけ合うかな。外からの食い物の差し入れは許されなくなる。服の洗濯も同様だ」

「毛布を一枚だけ許可願えませんでしょうか。夜は冷えて、体がとても痛むんです」

「ほう、では痛みは感じることができるわけだ。それはいい。腹が減ったら、一層身に応えるな」

しかし毛布一枚と替えの服一着が許された。その他には小さな櫛と、歯を磨くためのわずかばかりの木炭だけが私に許された持ち物だった。石けんは贅沢だということで、許可されなかった。最悪だったのは、留置場勤務の看守がそっくり入れ替わったことだ。友人だった看守全員がいなくなり、特別に選ばれ、訓練された看守がシンガポールからやってきて取って代わった。彼らにイポーの知り合いはなく、食べ物をこっそり持ちこむことや伝言の受け渡しが突然途絶えた。飢えが始まった。

新しい看守は、何から何まで日本人のご主人様の言うなりだった。あらゆる事が規則通りになった結果、監房のわずかな食事以外に食べるものはなく、外からのニュースも届かなくなった。私の良き友であるサミーでさえ、伝言を引き受けるのを怖がるようになった。留置場への出入りの際、新しい看守が身体検査をするようになったからだ。私は初めて、飢えることの意味を知った。女性監房に食事が配給されるのはいつも最後で、サゴのお粥(かゆ)や茹(ゆ)でたタピオカが全員に配られる前になくなってしまうことがよくあった。こうした場合、運の悪かった人たちは、ココナツから掻(か)き取ったひと握りの果肉を代わりにもらった。栄養豊富なココナツミルクが搾り取られた後の残りカスだ。果肉にはお湯が少し加えられてはいたが、ひと摘みの塩すら入っていなくて何の味もしなかった。貧弱な食事の影響がすぐに現れた。足がむくみ出し、顔は腫れぼったくなった。何日かして、政治犯全員でハンガー・ストライキを打つ（その知らせがどのように留置場に広まったのかは分からない）ということになった。これによって、少し改善された。朝食にはサゴの代わりにお米のお粥が配られ、夕食の茹でたタピオカは一五〇グラムから二〇〇グラムに増量された。この成功に励まされ、私は他の方法も実行に移すことにした。

ある日の晩、見張りを英語で呼んだ。この見張りは英語が理解できるということは分かっていた。

「お水を少しもらえますか」私はココナツの殻を差し出した。

「マレー語で言えよな。でないと、こっちまで面倒なことになっちまうんだぞ」

そうした。もう一度お願いし、見張りは水を持ってきてくれた。

「どうもありがとう」なおマレー語で続けた。「新しい主人にはとても感謝しているんでしょうね。あなた方警官は、ほしいものは何でも手に入るんですって？」

「静かにしてくれよ。囚人と話すことは許されてねえんだ」

「知ってるわよ。奴ら、監房に鍵を掛けることはできても、私の口には掛けられないわ。あなた、話さなかったら眠っちゃうわよ」

「お前、俺が首になってほしいのか」

「もちろん、違うわ。でも、頭の中をすっかり掃除してあげたい。この仕事、シンガポールではどのくらいやってたの？」

「二、三ヵ月だな」

「シンガポールの訓練に行く人は誰でもお米やお砂糖がたくさんんと、それに他の割り当てもたっぷりもらえるんですって？　トゥアンのような暮らしができるお給料もでしょ？」

「絶対ありえねえ。米は一日に数百グラムもらえるに過ぎねえし、給料なんて雀の涙みてえなもんだ。一ヵ月どころか一週間しか持ちゃしねえよ」

「それって、ニッポン精神を養うために違いないわね」そして、私は英語で続けた。「あなた、ニッポン精神についてはどう思ってるの？」

「貧弱な食事、過重労働、そして物価高の中、埒の明かない給料ってのがニッポン精神だな」

「なら、どうして警官になったのよ？」

「色んな約束をしたんだよ。でも、みんな出まかせだ。奴隷みたいに働かなっきゃならねえだけじゃなくて、命まで危険にさらさなくちゃいけねえんだ」

「どういうこと？」

「夜中の三時に起こされて丘を登らされ、ゲリラを追って深いジャングルを進まされるんだ。ひでえもんだ。戻ってきたときにゃ、今にも死にそうさ」

「それって、ニッポン精神を養うことの一環なの？」

「そう言ってる」

「追われる人たちがかわいそうだとは思わないの？　周りの監房にいる人たちを見てみなさいよ。生きている人間っていうより骸骨のような人もいるわ。私の腕や足、背中のこの傷を見てよ。これが、捕まった人たちが耐えなければならないことなのよ」

「きっと、ずい分痛えんだろうな。あんた、盗みで捕まってんだろ？」

「そんなんじゃないわ」私の容疑について少し話した。

「どうも失礼しました、ミッスィー。ペラの出じゃねえんで、あんたのことは知らねえんです。お腹、空いてますか」

「だったら、何なの？」

「食い物、少し持ってきましょうか」

「それって、ニッポン精神とは違うのね。でも、頼りにしていいの？」

「心配ご無用です、ミッスィー。がっかりさせませんから。いいですか、奥の浴室に排水用の小さな穴があります。食べ物の包みを棒に結(ゆ)わいてその穴から通します。今晩の八時です。そしたら急いで包みの紐(ひも)をほどいてください。棒、引っこめますんで」

「あなた、大丈夫?」

「ご心配なく。気をつけますから」

「分かったわ。待っています。ご親切にありがとう」

町の時計台が八時を告げると、本当に食べ物の包みが穴から現れた。すぐに紐をほどくと、棒は引っこんだ。この食事ほどおいしい食べ物はなかった。彼が当直でまた来たとき、食べ物の包み紙を手渡した。これで、包み紙は始末できる。

「この二週間で、初めてまともな食事だったわ。あなた、あんな危険を冒してくれて本当にいい人ね」

「一体、イギリスは戻ってくるんですかね?」見張りが聞いた。

「くるわ」逮捕の前後に聞いたニュースをいくつか話してあげた。今こそ教えを説く時だった。リチャード・ウィンステッド卿(英領マラヤのイギリス人東洋学者であり、植民地行政官)のマラヤの人々への感動的なラジオ放送をできるだけ思い出しながら、私は見張りにマラヤがイギリスから受けた恩恵を思い起こさせた。東洋で最も幸福で進んだ国にしようと、マラヤに注ぎこまれた人材や労力、資金、資材の量に気づかせた。「あなた、このすべてが無駄になってしまうのをイギリスが指をくわえて見てると思う?」繁栄していた戦前の日々についてできるだけ巧みに話し、この国の惨めな現状と対比させた。

「ニッポン精神があなたに何をしてくれたの? お米のご飯さえまともに食べられず、タピオカを食べて生きるしかないんでしょ? 物価が高過ぎて、あなたも言うように月給じゃあ一週間ともたない。

着るようにって渡された軍服を見てみなさいよ。継ぎ当てだらけで、色がそこら中違ってるじゃない——恥よ。靴さえもらえない人もいて、サンダル履きか裸足でしょ? 日本軍の帽子を被(かぶ)っているのを見ると、まるでフクロウだわ。

戦前、警察がどれだけすばらしかったか考えてみて。あの粋な制服と凛(りん)とした一挙一動を覚えてる? あの頃、警官であるということはプライドの問題だったわ。それが、今じゃどう？」

私は話し続け、こうして少しずつ味方に引き入れていった。看守一人ばかりではない。私の監房近くに来た全員をだ。次第に看守のほとんどが私の監房の前に来るようになった。ついには看守の上に立つ警察下士官も私のプロパガンダの犠牲者となった。日本軍の周到な訓練と洗脳が役に立たなくなったのだ。間もなくして、食べ物や塩、タバコが再び監房に届き始めた。新しい友人や協力者を得て、敵のジャップに対して大きな勝利を収めることができたと思った。

休息と改善された食事のお陰で、日を追うごとに体に力が入るようになった。そしてある日の晩、サミーがぞっとするようなニュースを持ってきた。

「ミッスィー、ウィリアムが逮捕されて、ケンペータイに連行されました」

「えっ、サミー、容疑は何なの？　あなた、知ってる？」

「いいえ、聞いてません」

「子どもたちはどうなってるの？　母は？」

「心配ないです」

「もう、紙に書いた伝言はブルースター通りから持ってこないようにして。安全じゃないかも知れないから。仕事に来るとき、一切紙は持たないようにするのよ」

「承知しました、ミッスィー。分かりました」

ケンペータイがなぜウィリアムを逮捕したのか八方手を尽くして探ったが、誰も何も知らなかった。二週間が過ぎ、ラジオを聴いていたことと何か関係があるらしい、と看守の一人が教えてくれた。それって、ジャップがジョゼフィンについて何かつかんだってこと？　だとしたら、尋問と拷問というさらなる苦悶を覚悟した方が良さそうだ。この後すぐ、監房から引き出されてトッコー課へのよく見知った通路を歩かされた。以前とまったく同じだった。ケンペータイの同じジャップと同じテーブルを挟んで向かい合った。

「一つ二つ、聞きたいことがあってな。本当のことをしゃべれば、釈放もありうるぞ」

このせりふは、前にも聞いたことがあった。何も言わなかった。

「お前、去年のいつだったかにバトゥ・ガジャからパパンにラジオを運んだだか」

「はい、運びました」

「どこの製品だ？」

「GECです」

「この嘘つきめ」驚いたことにジャップは立ち去り、私は監房に戻された。

二日後の朝、巡査部長が私の監房に来た。「ミッスィー、ケンペータイが奥さんを連行しにきています。こうなってしまい、残念です」

「さようなら、巡査部長さん。あなたからも他の人たちからもとても親切にしていただきました。皆さんに感謝します。神の祝福がありますように」

警察署を去るとき、良くしてくれた友人たちのことが思われて目に涙が溢れた。大きな車が待っていた。後部座席には拷問の張本人、ヨシムラ軍曹が座っていた。

「乗れ」と自分の横の席を指さして言った。

最初にトッコー課を回った。ドクターが連れ出され、運転手の隣に座らされた。くぐり抜けてきた苦難から夫もいく分か回復してはいたが、それでもこれまでと同じく幽霊のようだった。車の中では一言の会話もなく、私たちは処刑されるのか釈放か、あるいはさらなる尋問なのか知りようもなかった。この先何があってもすべてを受け入れるべく、私は心を落ち着かせようとした。車は町の通りを抜け、少し走っただけでゴーペン通りにあるケンペータイ司令部の外で止まった。

第一五章

慈悲の心のかけらもない

ケンペータイは、イポー近郊の大邸宅を司令部として接収していた。裕福な中国人鉱山主が所有していたものだ。現代的な建物で、見事な調度品が揃い、良く手入れされた敷地に立っていた。

母屋の裏手に使用人の居住棟があり、母屋とは屋根のついた通路でつながっていた。この居住棟がケンペータイの囚人用監房に改造されていた。

厚い煉瓦（れんが）壁の三部屋から成り、どの部屋も後ろの壁には小さな窓が一つあった。頑丈な鉄格子のはまったこの窓からは光と風がわずかに入ってくるきりで、外の景色は何も見えなかった。厚板でできた高い塀が窓よりもおよそ五、六〇センチ高く立っていたからだ。

それぞれの監房はたぶん、三・五メートル四方。床はコンクリート敷きだった。ドアのある正面部分は煉瓦壁ではなく、太い角材が垂直方向にわずかな隙間を空けて端から端まで並ぶ造りになっていて、監房内で何が行なわれているか外から比較的楽に覗き見ることができた。しかし角材と角材の隙間は狭く、よほど小さなものしか通すことはできなかった。

監房のドアは水平方向に二分されていた。上半分は固定されていて、可動するのは下半分だけ。囚人は、犬のようにかがんで入らなければならなかった。この下半分には開閉する四角い小さな開きがあって、食事はそこから配給された。どの監房も木の寝台が一五センチほどの高さにしつらえてあり、これが床面積のほとんどを占めていた。ドアの横にはコンクリートの床が四、五センチばかり高くなった四角い部分があって、石油缶が置かれていた。トイレ用のバケツだ。ぎゅうぎゅう詰めの監房にはプライバシーのようなものはなく、用を足した後の紙も水もなかった。

監房のドアは、およそ一・五メートル幅のベランダへと開いた。ベランダは、高さ三メートル近くあるトレリスのようなもので外の世界から遮断されていた。監房の外には囚人の名前が書かれた板があり、名前にはそれぞれ、担当するケンペーの覚え書きが記（しる）されていた。見張りはインド国民軍（日本軍が後ろ盾となって設けられた、イギリス軍捕虜のインド兵転向者を中心にした軍隊）のインド兵、囚人を直接担当するのはヘーホ（補兵）――すべての民族、特に中国人の中から現地で採用された補助兵――だった。

監房にはそれぞれ、通常二〇人から二五人の囚人が収監された。男女の別なく詰めこまれた。トイレ用バケツの悪臭はひどかった。二日も三日も空にすることが許されないことが間々あった。糞尿があふれると、罵られた。私たちが眠った木の寝台はあらゆる種類の害虫が巣食っていて、無数のねずみが寝台の下や天井裏に棲息していた。囚人は水浴や髪を梳く櫛、替えの服は許されなかった。衣服は体に張りついたまま腐敗し、汗の臭いが鼻を突いた。女性は洗面具類が許可されるよう何度となく頼んだが、それは贅沢品であり、ケンペータイの囚人には許されないと告げられた。尋問に向かう私たちの姿が人目を引き、嘲りや笑い、冷やかしの言葉が飛んだが、羞恥心は感じなくなっていた。

食事は一日一食。夕方五時から五時半の間だった。ドアの下半分にある開きから一人ずつ配給された。そのため、開きの前まで行ってひざまずき、両手をお椀にして受けなければならなかった。そして、寝起きする厚板の寝台の上に広げて食べた。食事はご飯を握り固めたもの（握り飯のこと）が四〇〇グラム余り、ひと摘みの塩で味付けされていた。水は、半分に割いた竹の稈（竹の節と節の間の中空部分）から飲んだ。稈は房内を手から手へと回された。この「コップ」は一人が飲んだ後にすすがれるということはなかった。貴重な飲料水が無駄になるという理由で禁止されていたのだ。この同じ言い分が洗濯禁止にも使われた――しかし食事の後はいつも、バケツに残った飲料水が監房の外の下水溝に捨てられるのを見ていた。囚人は順番でトイレ用バケツを外に持っていって空にし、水道で洗った。皆、この仕事を心待ちにしていた――夕食はうんざりするほど何時間も先というとき、昼間の熱気の中で蛇口から水を二、三口分は飲むことができたからだ。

こうした状況だった。これが、私が放りこまれた生活だった。私は三号室に入れられ、ドクターは一号室だった。監房のドアをくぐり抜けて顔を上げるなり、すぐさま目に飛びこんできたのは懐かしい顔だった。ウィリアムの友人の一人、リム・エンだ。

「あなた、どうしてここに？」驚いて聞いた。

「ウィリアムとラジオに関係したってことで逮捕されたんです」

「ラジオって?」

「ウィリアムがパパンから持ってきて、二人して家で聴いてたんです」

リム・エンが、ケンペータイに使われている建物から道路一本隔てただけのところに住んでいることは知っていた。

「何ですって!」私は声を上げた。「あなた、自分の家でラジオを聴いていたって、ケンペータイの目と鼻の先じゃない。神経、図太いわね。それ、どこの製品?」

「フィルコです。真空管が六本の」

ジョゼフィン三号だ! ウィリアムはニュースへの飢えを満たしたくて、階段下の隠し場所から掘り出してイポーに持ってきたに違いなかった。道理で、バトゥ・ガジャから持ってきたのはGECだと言ったとき、嘘つき呼ばわりされたわけだ!

ウィリアムがラジオを隠し持っていることをジャップがどうやって嗅(か)ぎつけたかを詳しく知ったのは、後になってからのことだ。ウィリアムとリム・エンは、私がパパンでしていたように親しい友人という限られた範囲にだけニュースを伝えていた。しかし、その親しい友人それぞれにも自身の友人がいる。そしてついに、ある中古車販売業者は誰かからニュースを知らせてもらっているということが密告者(彼のお抱え運転手を通じて)の耳に入ってしまったのだ。業者は逮捕され、拷問か拷問のおどしによって、ニュースは退職した年配の政府事務員——も続いて逮捕された——から聞いていることを自白した。ジャップはいつもの手口で元政府事務員から必要な情報を聞き出し、続いてケンペータイがバス会社の中国人経営者と若いユーラシア人会社員を手繰(たぐ)ってウィリアムとリム・エンにたどり着いたというわけだ。リム・エンの家は手入れを受け、ラジオが見つかった。二人は逮捕され、ウィリアムは拷問の末にラジオはパパンの家から自分が持ってきたことをついに明かした。そこでジャップは、ジョゼフィンを隠し持っていたことの責任を私に突きつけようとしたのだ。この追及で、ケンペータイが見せた執拗さには舌を巻くばかりだ。密告者から耳打ちされたほんの一片の情報を糸口にしたケンペーと私の間には、解かなければならない結び目が七つ以上もあったのだから。

私が監房にいたのは数分足らずに過ぎず、リム・エンからの情報を消化するだけの時間がないまま尋問に呼び出された。ヨシムラ軍曹は、庭が見渡せるバルコニーに置かれたテーブルに座っていた。まだ早い時間で、暖かい日ざしが心地良かった。芝生や植え込み、そしてあちこちに咲く花々は、安らぎと美を描いた一幅（いっぷく）の絵のようだった。ヨシムラから椅子を勧められ、喜んで座らせてもらった。「ありがとうございます」そう言って、座った。彼はテーブルの書類に目を通し、尋問を始めた。

「トッコー課で聞いたとき、ＧＥＣラジオをバトゥ・ガジャからパパンに持ってきたと言ってたな」

「本当です」

「嘘だ。そのラジオはフィルコだということは分かっておる」

「いいえ、フィルコもＧＥＣもありました。パパンに行けば、両方ともお見せできます」

「全部で何台あったんだ？」

どう答えよう？　ジャップはもうどのくらい知っているのだろう？　本当のことを話すことにした。私の返答に疑いを挟むようなことにでもなれば、ヨシムラは七四番地の住人全員を徹底的に尋問しかねない。ジャップのやり方に私は慣れていたし、奴らが課すあらゆる仕打ちに耐えられることも分かっていた。しかし、同じことが七四番地の住人にも言えるというわけではない。

「全部で五台です」私は答えた。

ヨシムラは持っていた鉛筆を放り出し、杖をつかんで私の頭を叩いた。「お前、正気か」彼は叫んだ。「五台！　そんなにあって、どうするんだ？」

私は正気ではなかったのだ。

「戦前、イポーで持っていたラジオは、布告に従って警察に引き渡しました。それからもう一台もパパン警察署に届けました。ＧＥＣは二台ありましたが両方とも壊れてしまい、部品は庭に埋めました」

「そんなに聴きたかったら、どうして修理しようとせんのか」

「誰に頼むんですか。それに、替えの部品はどこで手に入るんですか」

「バーは電気技師だろうが。なぜあいつに頼まん？」

「私のする事に対して家の誰かに口出しされたくないんです。知られることさえ御免です」

「続けろ。五台目は？」

「真空管が六本のフィルコです。私の知る限り、家の中の隠したところにまだあるはずです。壊れていません」

「最後の三台はお前のではないな。どこから持ってきた？」

友人をジャップに売るのは不本意だったが、ここも本当のことを言うのが一番だと考えた。にしても、罪は重大なものとジャップに見なされる心配はないだろう——結果的に、この判断は正しかった。

「最初のＧＥＣはパパンのウォンさんのものです。二台目のとフィルコはジョージ・マティウスが持っていました」

ヨシムラは何か書き留め、「お前、今までにゲリラにラジオを渡したことはあるか」と聞いてきた。

「もちろん、ありません」

「よろしい。パパンに行ってみよう。しかし、もしラジオがなかったら、お前にとって事態はかなり厄介なことになるぞ」

「甘んじてお受けしますわ」

私は監房に戻され、正午に再び呼び出された。完全武装した警官でいっぱいのトラックが司令部の外で待っていた。危険地域への往復に備えた大変な警備体制だ！　ヨシムラの指示で彼の車に乗り、護衛のトラックを追って通りに出た。

パパンに着き、家の前に乗りつけた。ほぼ四ヵ月振りに見るわが家だった。警官隊がトラックから飛び降りて家を包囲するまで、車を降りることは許されなかった。車から出て、周りを見渡した。顔馴染みがたくさんいた。しかし皆、恐怖で立ちすくんでしまい、怖々と一瞬私を見るなり、直ぐさま顔を背けた。私が裸足で、ぼろをまとい、汚らしいなりをして立っていたからだ。

家に入ると、ウィーヴァー夫妻が息子さん二人と居間にいた。私の姿を目にしたときの、恐怖の面持ちがわけなく見て取れた。私は笑顔でうなずき、バールをお願いした。そして階段下の開き戸棚のところに行き、ジョゼフィンの隠し場所のコンクリートのふたを壊し始めた。もちろん、意味のないこととは分かっていた。しかし、リム・エンからは何も聞いていないとケンペータイを信じこませたかったのだ。数分後、振り向いて言った。

「フィルコがありません」

ヨシムラは拳銃を構えた。ウィーヴァーさん親子は青ざめ、たじろいだ。こうした振る舞いに私は慣れていたので、動じなかった 。

「一つ質問させてください」許可を願い、横に立っていたフランシスに尋ねた。「フランシス、ラジオをここに仕舞いこんだ後、誰が持ち出したの?」

「分かりません」

私は彼に近づき、右手でシャツの前をつかんだ。そして、できるだけ真剣に話した。「何も心配することはないのよ。どうか本当のことを言ってちょうだい。何も隠さずに」

「ウィリアムがイポーに持っていきました」

「いつのこと?」

「九月の終わり頃です」

「聞きましたか。私の逮捕から二ヵ月近く後のことです」ヨシムラは警官の方を向いて言った。「この女を外に出して、しっかり見張ってろ。俺はこいつにちょっと話がある」

私は家の裏庭に連れていかれた。驚いたことに、見張りが英語で話しかけてきた。

「ミッスィー、お水飲みますか」私はうなずいた。「さっ、どうぞ」水道の蛇口を指さしながら彼は言った。「大丈夫。

信用してください」

「ありがとう。あなたに神のみ恵みを」

この、思ってもみなかった機会を得て、喉の乾きを癒すことができた。その支援がどんなに小さくても、私はまだ友人に囲まれていると知って心が温かくなった。

裏庭で何分か待った後、ヨシムラがやってきた。「さあ、次は壊れたラジオだ」チャンコル――マラヤでシャベル代わりに使われる大型のクワ――を頼んだ。そして先頭に立って菜園に向かった。菜園は雑草や藪がかなり生い茂っていて、どこを掘ったら良いものか見当がつかなかった。日ざしが強く、体に力が入らなかった。作業が遅く、ヨシムラを怒らせてしまったようだ。「急げ」彼が叫んだ。実のところ、こんな危険な場所には一瞬たりとも必要以上に長居するのが怖かったのだ。

「ドミニクに手伝ってもらってもよろしいですか」

ドミニクが呼ばれた。二人で話して、埋めた場所が見つかった。すぐにジョゼフィン一号の部品が入った缶を掘り出した。部品はヨシムラのところに運ばれ、調べを受けた。その間、私は少し離れたところに立っていた。ラジオ二台分の部品はないということに彼はすぐに気づき、聞いてきた。「もう一台のGECはどこだ？」こう聞かれて、とっさに考えなければならなかった。ヨシムラがまだジョゼフィンを調べているのをこれ幸いと、私は聞こえない振りをして家に戻ろうと歩き出した。そして、ドミニクのそばでわざと石につまずいて倒れた。ドミニクが助けようとかがんだとき、ささやき声で急いで言った。

「別のラジオ、モルは埋めたの？」

「いいえ、丘に持っていきました」

一番恐れていたことだ。ならば、ケンペータイが抱いている疑念には十分根拠があるということになる。証拠をつかまれたら、わが家の住人全員の死を意味することになるだろう。護衛に取り囲まれ、ドミニクとも他の誰とも話さないよう命じられた。私は思いの丈をこめて神に祈りを唱え、進むべき道を求めた。ヨシムラが再び聞いてきた。「お前の言う二台目のラジオはここに埋めたのか」

「こちらです」私はモルの家へ案内した。モルは丘に行っていて心配はない。二台目は彼が埋めたということを何とかヨシムラに納得させなければならなかった。モルの家に着き、ヨシムラは家を包囲して捜索するよう命じた。モルの母親が玄関に出てきた。

「モルはいますか」

「モルはこの女の息子か」ヨシムラが聞いた。

「そうです。ラジオは彼に渡しました。部品は包んで、ラジオといっしょに庭に埋めたんです。ある晩、人目につかないように」

「お前の息子はどこだ？」

「何ヵ月か前、仕事を探しにテロック・アンソンに行きました。それっきり、連絡はありません」

「そいつがラジオを持たずに、ゲリラに参加してないとどうして言えるんだ？」

これはまずいと思った。ヨシムラはほとんど言い当てている。

「聴いてください。ラジオは壊れていたんです。でなければ、苦労して別のラジオをバトゥ・ガジャから持ってくるような危ない真似はしません。壊れたラジオがゲリラの何の役に立ちます？　たとえ電気があったとしてもです」

「お前、なかなか頭の切れる嘘つきだな。お前の言うことをどうして俺が信じなくてはならんのだ？」

私は、ヨシムラが無視できない単刀直入な賭けに打って出た。「私が言ってるのは本当だってことを証明してみせます。ここに埋めたラジオが見つかるまで、モルの家の庭を全部掘り返します」

一瞬、彼は私を見た。提案を一考するかのようだった。そして七四番地の方に向き直り、私と護衛についてこいと合図した。「時間がかかり過ぎる」大きく胸をなでおろした。

わが家に戻り、目の前で話すから友人たちに一言挨拶させてほしいとヨシムラに頼んだ。「もちろん、駄目だ」が返事だった。しかし無視した。ウィーヴァー夫妻のところに行き、二人と握手を交わして別れを告げ、ウィーヴァー夫人の頬にさようならのキスをした。二人は溢れる涙に声を詰まらせながら挨拶を返してくれた。ただ、そのそぶりには何かわだかまりのようなものがあるように思えた。外に出て、理由が分かった。フランシスとドミニクが尋問のためにイポーに連行されるのだ。フランシスは運転手の横に座らされ、弟は護衛とともにトラックに乗せられた。彼らの両親は、息子二人の逮捕の責任は明らかに私にあると考えるほかなかったのだ。二人に危害が及ばないよう、全力を尽くさなくてはならない。

帰路、私たちの車が先頭だった。ラハットに着く前、ヨシムラに話しかけた。「あのラジオ部品はとても重要ですよ。ご自分で持ってらした方が良いのでは？」提案が容れられようとは予想だにしなかったが、彼は動いた。車から出て、私が願った通りに運転手を引き連れてトラックに向かった――ヨシムラはとても偉ぶっていて、自分で何かを運ぼうとはしなかったのだ。急いでフランシスに話しかけた。「あなたとドミニクは、ラジオについて何か隠そうとしちゃ駄目よ。モルがジョゼフィン二号を持っていって、それをどうしたかは分からないとだけ言うこと。他に何か聞かれたら、私がすることについて家の者は誰も知ることは許されなかったって言うの。それを通しなさい。あとは私に任せて」

ヨシムラが、壊れたラジオの部品を運ぶ運転手と戻ってきた。イポーに到着するまでの間、車内ではただの一言も交わされなかった。車から降りて、私は言った。「この子たちは何の過ちも犯してはいません。わが家でのことすべてに責めを負うべきは私です。全責任を負う覚悟はできています。二人を投獄するのはどうかお止めください」

「さっさと自分の監房に戻れ」そう命じられたが、一歩も譲らなかった。一瞬、私たちは睨み合った。すると、ヨシムラは当直のヘーホの一人に向かい、「こいつら二人は拘置室に入れておけ」と言った。私はほっと息をつき、護衛の後について監房に向かった。拘置室は監房とは別棟で、重罪容疑者には使われなかった。そこに留置された場合、たいていは一日か二日で釈放されることをすでに知っていた。食べ物も水もまずまずの量が与えられ、他の囚人のように殴りつけられることはない。

そうではあっても、まだ二人のことが心配だった。そして自分の取った行動が彼らを危険な目に遭わせ、心からの友である彼らの両親を苦しめていることを考えると胸が痛んでならなかった。監房に戻り、リム・エンに何があったかを話した。

「元気を出してください、ミセスK」彼は言った。「二人は大したことにはなりませんよ。ウィリアムとお話しになりますか」

「どこにいるの？」

「隣です。第二監房」

「まだ話せそうにないわ。すごく疲れてる」

この後すぐ、ご飯とお水のいつもの食事をとって、体に力が入るようになった。

「お祈りを捧げようと思いますが、」同房の人たちに呼びかけた。「皆さんもごいっしょにいかがですか。神のことを私たちは違った名で呼びますが、崇拝しているのは同じ一つの神ではありませんか。私たちを救えるのは神だけです」

こうして皆でひざまずき、つつましやかに崇敬と懇願の祈りを共に捧げた。「ああ、主よ。万物の創造主よ。我らが友と我ら自身ばかりでなく、我らを責め苛む者や我らが敵の創造主よ。我ら汝に乞う、苦難に耐える力を与え給わらんことを。我らに汝の御心は知れず。されど、我ら祈らん、我ら潰えるまで汝への誠信を貫けることを」祈りは第三監房での生活で習慣となった。毎朝、そして正午と夜に私たちは共にひざまずいた。

翌日の一九四三年一一月一七日。それは生きている限り、忘れられない日だ。尋問が朝の八時に始まり、夕方遅くまで続いた。尋問方法と、それが私に及ぼした影響について正確に伝えられるかどうか自信はない。慈悲を願うことはできなかった。それは月に行こうとするようなものだった。救いはまったくないというのが圧倒的な感覚だった。私の運命は、ヨシムラとその手下の予測不能な気まぐれによって翻弄された。本当のことを吐かせようと、肉体的、かつ精神的な苦痛を強いる方法が採られた。それに加えて、話題のいきなりの転換、同じことのくり返し、すでに何度も徹底的に調べたことの見直し、まったく気違いじみた論理など、私を混乱させるためにあらゆる試みがなされた。私は矛盾したことを言うばかりで、途中に仕掛けられた様々な罠に幾度となくはまった。明晰な頭脳と勘の良さはかけがえのない味方だったが、頭から足の先までずきずき痛むとあっては、事は容易ではなかった。

ヨシムラはフランシスとドミニクについて尋問を始めた。「前にお前が言ってたのは、ドミニクは学校の生徒ということだったな?」

「その通りです」

「戦前、フランシスはどこで雇われてたんだ?」

「食料品店で働いていました」

「兵隊だったと、あいつは言ってたぞ。お前がニッポン軍と戦わせたかったとも言ってたな。それが、あいつがシンガポールにいた理由だ」

「それは違います。彼の軍服姿は一度も見たことがありません。戦争の直前、休暇でシンガポールに行ってたんです」

「戦争の直前? 戦争になるってことがどうして分かるんだ?」

「どうしてって、現に私が捕まってるじゃありませんか」

「こいつら兄弟もラジオを聴いたのか」

「聴かせませんでした。開き戸棚の鍵は私が持っていましたから」

こうして終わりのない質問が始まり、何度もくり返し尋問された。そして私の返答がいちいち事細かに責め立てられ、新たな質問をともなう別の話題が作られた。ヨシムラは私の抵抗を打ち砕き、ウィーヴァー兄弟に罪を負わせる何かを言わせようとあらゆる拷問を用いた。あくまで貫き通す力を、と絶えず祈った。

「GECの部品が埋まってる場所をドミニクが知ってたのはどういうわけだ?」

「埋めるとき、手伝ってもらったからです。手伝うよう言ったんです」

「ということは、家ではお前がボスだ。家の連中は皆、お前が怖いんだ」

「まったくその通りです――あの子たちを釈放していただけませんか。あの子たちはこの一連のことに何の関係もありません。ご両親は老齢で病気なんです。息子さん二人に何かあったら、死んでしまいます。家で行なわれていたことすべてに責めを負うべきは私一人です。二人は家に帰してあげてください」

「静かにせんか!」ヨシムラは叫び、杖で私の頭と肩を打った。

「これまで担当した中で、お前は最悪の囚人だ」

「囚人がどう振る舞うべきかなど、どうして私に分かるんです? こんな立場に置かれたことは一度だってないんですよ。後生です、どうかあの子たちを釈放してあげてください」

彼は何も言わなかった。少しの間私をじっと見つめ、そして昼食に行ってしまった。私は監房に戻されることなく、ヘーホ二人の監視下に置かれた。

ヨシムラは戻ると、ようやく終わったと喜んでいた話題を再びむし返した。

「ゲリラとの関係でお前が言ったことだが、どこか腑に落ちなくてな」彼は、すでに供述したことを事細かにじりじりと見直し始めた。同じ質問が様々に形を変え、くり返し問い質された。ヨシムラは、私が疲れて混乱し、ついには矛盾を露呈して何か決定的なことを口にするだろうと踏んでいたのだ。しかし私は、一貫して自分の一言一句を曲げなかった。彼は私の立ち位置を一ミリたりとも動かすことはできなかった。

終いにヨシムラは、心が凍りつくような命令を出した。ヘーホの一人に向かい、「この女の、下の娘をここに連れてこい」と命じたのだ。

車に乗ろうとするヘーホに私は死に物狂いで追いすがったが、元いたテーブルの前に引き戻されてしまった。「お願いです。ドーンを巻き添えにしないで」必死に訴えたが、車は行ってしまった。「子どものことを愛しとるんだな。えっ?」ヨシムラが聞いた。

「そうでない母親がいますか」
「ならば、娘と会ったとき、それを証明できるぞ」
「どうされるおつもりですか」
「娘が着いたら、分かる」

待つ間、不安でならなかった。奴らはドーンに、自分の母親を裏切らせようとするのだろうか。それとも、これは奴らが企んでいる新たな精神的拷問なのだろうか。ついに車が戻ってきて、愛する娘を実に四ヵ月振りに目にした。娘は緑の芝生を横切って走ってきた。「母さーん、母さーん!」うれしそうに叫んだ。娘を抱きとめようと足を踏み出すと、ヨシムラが間に割って入って押しとどめられた。「それはならん」彼は言った。「だが、知っとることすべてを話すというなら、好きなだけ娘といさせてやるぞ」口をつぐんで、一言も言わなかった。するとヨシムラはヘーホの一人に、ドーンを後ろ手に縛るよう命じた。再び私はなりふり構わず近づこうとしたが、乱暴に押し戻され、あずまやの柱に縄でくくりつけられた。私を見るドーンの目に涙が溢れていた。「泣かないの」私は大声で言った。

尋問が続いた。「言え!」ヨシムラが怒鳴った。「ゲリラについてすべて話せ。さもないと、目の前で娘を焼き殺すぞ。しゃべれ! しゃべれ! しゃべるんだ!」ヨシムラは杖で頭と肩を激しく打った。どれだけ叩かれようと、自分だけならいくらでも耐えてやる。しかし奴らは残忍な方法でドーンを責め立て、娘が知っていることを言わせようという魂胆ではないのか。その先は考えまいとした。ああ、もしもヨシムラがおどしを実行に移し、私が口を固く閉ざし続けることと、娘を恐ろしい死から救うこととの選択を迫ってきたらどうしよう? たとえ日本人であっても、そこまで非人間的になれるものだろうかと信じがたかった――しかし、権力に心を奪われた怪物は、この上ないやさしさと際限のない残虐さを併せ持つことができるのだ。その行動と動機は、まっとうな人間には到底理解できるものではなかった。

殴打が続き、ついに立っていることができなくなった。柱につながれたままぐったりしていた。この時、ヨシムラの命令でヘーホ二人がロープでドーンの胸を縛り、ロープのもう一方の端を投げ上げて地上三メートルほどの枝に引っかけた。

そしてドーンは後ろ手に縛られたまま、木の上へと引き上げられた。木には蟻が群れていて、娘は咬まれ、すぐにつらそうに身をよじり出した。

「蟻、痛いの、ドーン？」

「大丈夫よ、母さん。心配しないで」

すると恐ろしいことに、火鉢が運ばれてきた。そしてヨシムラの一言で、赤々と燃える石炭が火鉢から地面へ、娘の下にすべてばらまかれた。近くには薪が積まれていて、石油缶があった。

「さあ、言え」ヨシムラが言った。「さもないと、お前の娘は終わりだ」

一瞬、われを失った。柱につながれた縄に狂ったように抗い、悲鳴を上げた。夫は近くの監房にいたが、何が行なわれているのか見えなかった。

「ズィウ、ズィウ」私は大声を上げた。「奴ら、ドーンを生きたまま焼き殺そうとしてる」

私の叫び声を耳にして、一体何事かとケンペータイ司令部の全員が母屋の裏手に集まってきた。ケンペーたちは、柱のところでもがいている私を見て笑い合っていた。

「言え！　言え！」ヨシムラの怒鳴り声が私の叫びを打ち消した。

その時、ドーンの声が木の上から聞こえた。「しゃべっちゃ駄目、母さん。母さん、愛してる。死ぬときはいっしょよ。イエス様が待ってらっしゃるわ」

「言え！」ヨシムラはくり返した。そして、真っ赤に燃える石炭の上に薪をくべるようヘーホに命じた。「さあ、吐け。でないと、娘を火の中に下ろすぞ」

ドーンの言葉が勇気をくれた。「ドーン、愛してるからね」私は大声で叫んだ。そしてヨシムラに向かって言った。「年端も行かない子どもを拷問し、殺す。これが勇猛なダイ・ニッポンか！　常々日本人は臆病者だと思ってた。そうだってことが、今分かった」

激しい殴打の雨を頭と肩に浴びたが、痛みはほとんど感じなかった。これまで祈ったことがないかのように祈った。「聖母マリア様、お慈悲を」何度も何度もくり返した。「天の女王マリア様、娘をお救いください。ああ、マリア様、私のドーンを死なせないでください」

苦悶する私の姿を見に集まったケンペーや事務員にはほとんど目は向いていなかったが、突然、ある変化に気づいた。ヘーホと取り巻きの人だかりが二つに割れ、ケンペーたちがきちっと気をつけの姿勢を取ったのだ。それまで見たことのない、かなりの高官に違いない日本軍将校が母屋から泰然と現れ、何が行なわれているのかを一目で見て取った。将校は鋭い命令を二つ三つ、しわがれ声で吠えるように言い放った。途端に一人のケンペーが走ってきてドーンを木から下ろし、もう一人が腕を差し出して娘を受け止めた。そして娘の縄をほどいた。同時に、私も捕縛を解かれた。

祈りが天に通じ、ドーンは無事だった！ 縄が解かれるのを待つ間ももどかしく、急ぎにじり寄って娘を胸にかき抱いた。安堵感からほとんど興奮状態だった。右手を高く誇らかに打ち振って、「マラヤ万歳。イギリス万歳」と叫んだ。そしてヨシムラに向かい、「今度イギリスがマラヤに戻ったら、お前は罪の報いを受けることになるぞ！」と言った。ヨシムラは激怒して駆け寄り、私を一撃で地面に殴り倒した。そして、足元に成すすべなく倒れこんだ私の顔を激しく蹴った。私はヨシムラの目をじっと見据えながら、ゆっくりと立ち上がった。するとヨシムラは、ドーンの額を杖で打った。娘は声一つ立てなかった。その途端、ヨシムラの雰囲気ががらりと変わった。彼はテーブルのところに行って座り、ドーンを膝に乗せた。娘は身じろぎもせず、ヨシムラから目をそらした。

「おいしい飲み物と甘いビスケットはどうかな？」やさしく彼は聞いた。

「いいえ、要りません」娘は冷たく言い放った。

「お前の母親はひどく悪い女だが、娘の方は輪をかけて悪いな」彼は言った。

「どうか娘を家に帰してやってください」私は割って入った。

彼はこれには答えず、監房に戻るよう私に命じた。

「食べ物とか飲み物をもらったら駄目よ」連れていかれる前、私はドーンに言った。

「分かったわ、母さん」娘は、取りこもうとするヨシムラにきっと抗うだろうと思った。

監房に戻る途中、私を監視するへーホを無視して、夫がいる第一監房のドアの前で立ち止まった。

「ズィウ、」私は呼びかけた。「ドーンは無事よ」

「ああ、ありがたい。お前の叫び声が聞こえて祈ったんだ、ビル」

「聴いて、ズィウ」へーホが私の監房の鍵を開けようと少し離れたところにいたので、続けた。「ゲリラについての申し開きは何一つ変えてない。でも、ラジオを譲ってくれたウォンさんとジョージ・マティウスのことはジャップに話すしかなかった」

「分かったよ、ビル。分かった」

監房に戻ると、再び恐怖に襲われた。ドーンはまだヨシムラの手のうちにある。奴は今、何をしているのだろう？　それは、外で何が行なわれているのか知りようがないという苦悶だった。少しの間、不安から気が変になっていたに違いない。自分が何をしたのかほとんど覚えていないのだ。監房の他の収監者によれば、叫んだり、壁を叩いたりして、狂ったようにドアから窓へと激しく動き回っていたそうだ。そして、ドアの下半分にある開きに片足をかけて懸命によじ登り、ドア上部の鉄格子からベランダの高い仕切り越しに甲斐なくも向こうを見ようとしていたということだった。落ち着かせようとしたが、収まらなかったという。ついには当直のインド兵の見張りが同情してくれ、不安を和らげてくれた。「ご心配なく、ミッスィー。おチビちゃんは大丈夫です。ケンペーといっしょに座ってます。やさしく扱われてますよ」

次に、ウィリアムが尋問に呼ばれていることを知った。しばらくして彼は戻り、壁を軽く叩く音がした。これは、監房の奥にある窓を通して話そうという合図だ。

「母さん、聞いて。ドーンはまったく大丈夫。家に帰ったよ。フランシスとドミニクも釈放された。三人とも、いっしょに出発したからね」

これ以上ない知らせだった。あまりの安堵感に、私は気を失って床に倒れた。意識が戻り、私と娘に示された慈悲への感謝の言葉を誠心から神に唱えた。

第一六章

慈悲の心のかけらもない

その夜は、ほとんど祈って過ごした。ドーンの釈放を知って心はずい分軽くなったが、ヨシムラは新たにどんな拷問を企んでいるのだろうと気になってならなかった。しかし祈りを捧げているうちに、自信と力が体にみなぎってきた。

これまでに受けた殴打で全身が痛んだ。軍曹にブーツで蹴られた側頭部が激痛を引き起こしていた。脈が打つ度にずきずきし、鋭い痛みが刺すように頭を貫いた。しかし朝になると心は穏やかで、待ち受けている最悪の事態に打ち克てるような気がした。

前日同様、母屋裏手のあずまやに呼び出された。しかし最初、私は尋問されなかった。夫が監房から連れ出され、目の前で情け容赦なく殴られた。その間、私はあずまやで見張りのそばにいて、どうすることもできずに立ちすくんでいた。

殴打が止む度に、ヨシムラは執拗に叫んだ。「言え！　言え！」知っていることはすべて話したと夫はくり返した。私はただ祈るしかなかった。しばらくしてヨシムラは、再び私に目を向けた。夫の苦しむ姿を見て、新たな自白を得られるのではないかと当てこんだのだ。ドクターは、前日ドーンが吊るされたまさにその同じ木のところに連れていかれた。夫の両手はロープの端で後ろ手に縛られ、もう一方の端が地面から五メートルほどの枝に投げ上げられた。続いてロープは引っ張られ、夫が体重を両足のつま先で支えるしかない位置で固定された。この無理な姿勢でいったんつま先立つことを止めれば、両腕は後ろにねじ上げられ、全体重が腕の付け根に襲いかかる。

「さあ、言え」私の方を向いて軍曹は言った。「お前が言うまで、奴はあのままだぞ」

夫を見た。青ざめた顔と苦悶の表情、そして衰弱し切った姿。涙が出た。しかし断固とした様子もあって、私は負けない、お前も負けるなというまなざしが見て取れた。

「これ以上、申し上げることは何もありません。すべてお話ししました」

お馴染みのくり返しがまた始まった――同じ質問、同じ返事、同じ殴打、同じ「言え！　言え！　言え！」。もはやほとんど反射的に答えるまでになっていた。もうこれ以上、何かを聞き出せる望みはないとヨシムラはほとんど諦めているように思えた。ついに椅子から立ち上がった。当分の間、私への尋問については終了だと暗に示すかのようだった。

「どうかドクターのロープを解いてあげてください。私をどうされようとご自由です。夫が苦しむ必要はありません」

一瞬、ヨシムラは私たち二人を見た。そしてヘーホに、夫を木から下ろすよう命じた。夫は下ろされ、ヨシムラは昼食に出かけていった。私たちの監視は、武装したインド兵の見張りに任された。

夫は激痛を強いる姿勢から解放されはしたが、両手は後ろ手に縛られたままだった。そして見張りに監視されながら、強い日ざしの中に座らされていた。倒れる寸前だということが分かり、大声で水を求めた。ようやくケンペーの一人が母屋から出てきて、どうしたのかと聞いた。

「ドクターの具合が良くありません。どうかお水を少し飲ませていただけないでしょうか。日陰に座らせてもらえませんでしょうか」

「いや、それはならん」

「許されないことは分かっています。ですが、どうかお慈悲を」

「よかろう。だが、まず俺の足にキスしてからだ」

そうした行為は屈辱的ではあったが、私以上に、言った本人の品位を貶（おとし）めるものでしかない。命令された通り、かがみこんでブーツに三回キスした。にやっと、彼は満足げに笑った。

「あずまやのテーブルからあのフラスク（平たい形状の水筒）を持ってきて、冷えた紅茶を飲ませてやれ。ただし、奴とは話すな」

「ありがとうございます」

フラスクに紅茶はあまり残っていなかった。夫が一口か二口で飲み干してしまうのをケンペーは見ていた。

「もう少し持ってきてやろう」そう言って、ケンペーは立ち去った。数分後、彼の運転手が紅茶の瓶（びん）を持って現れた。

私はその瓶から、そして運転手が進んで持ってきてくれた別の瓶からも次々とグラスに注いだ。そして、まだ後ろ手に縛られたままの夫が飲む間、グラスを持ってあげた。その後、夫が木陰に移動するのを手伝い、私はあずまやに戻った。

一時間かそこらして、ヨシムラ軍曹がつま楊枝で歯をほじりながら、げっぷをしいしい食事から戻った。彼はドクターを監房へ戻すよう命じた。そしてテーブルにつき、書類いくつかに目を通した。私はテーブルの前に立って、待っていた。

「飲むか」しばらくしてヨシムラが聞いた。

「いいえ、結構です」

夫のために運ばれた紅茶を私が飲むことは見張りが許さなかったので、喉は焼けつくようだった。

「飲めよ、冷えた紅茶だ。気分がすっきりするぞ」

「あなたからは何も頂きません」

「考え直しちゃいないのか。本当のことを言うつもりはないのか」

「考え直すことは何もありません」

少しの間、彼は私を見ながら座っていた。そして驚いたことに、監房に戻るよう命じられた。

監房では毎朝、点呼を取る声が聞こえた。ウォンさんとジョージ・マティウスの名が読み上げられるのが聞こえたが、驚きはしなかった。一、二日前、ジョゼフィンと二人の関係をヨシムラに明かしていたからだ。次の尋問に呼び出されたとき、ヨシムラはこの二人への言及から始めた。

「ラジオで聴いたニュースをお前は友人であるマティウスとウォンに流し、謀略宣伝とニッポン政府に対する中傷を拡散するよう奴らに頼んだよな?」

「確かにニュースは伝えました。でも、他の人には絶対言わないという了解がありました」

「あいつら、なぜラジオを引き渡さなかったのか」

「布告があったとき、持っていかないよう頼んだんです。使い道があるからって。もし聞かれたら、盗まれたって言うよう話したんです」

「ウォンはゲリラか」

「だれがゲリラなのか知りませんが、ウォンさんは間違いなくそうではないと思います」

「では、なぜ奴はパパンに残っとるんだ？」

「バトゥ・ガジャの自宅が政府に接収されたままだからです。仕事場はそこの病院なのに。この二人は私の過ちに巻きこまれた無実の人たちです。もし二人が罪を犯したのなら、その責任は私にあります。私については気の済むようにしてくれて構いません。でも、あの人たちは釈放してあげてください」

「で、お前はこの厄介事すべてに責任があるわけだ。そうだな？」

「そうです。他の人にはありません」

「善良で正直な人間を抗日に向かわせて大ニッポン政府に害を及ぼそうと、お前はあらゆることを全力でやってきたってわけだ」

「おっしゃる通りです」

「だが、お前はまだ俺に嘘をついておる。本当のことを洗いざらい話そうとはしとらん。協力せんなら、俺がどうするか分かっとるのか。お前の夫とかわいい娘を鉄の棒にくくりつけ、お前の目の前で火あぶりにしてやろうかと考えておる。どうだ？」

「あなたがそのおつもりなら、私にはそうした犯罪を思いとどまらせることはできません。あなた方はこの国で全権を握っています。何でも思いのままです。ですが私には、すでにお話しした以上のことを申し上げることはできません」

これを聞いて、ヨシムラは狂ったように激高した。最初、彼は軽い杖を手に取って私を打ちすえた。次にこれでは物足りないとばかりに床にあった重い木の棒をつかみ、私の背中と肩を続けざまに打った。怒りに満ちた暴力にふらつく中、強烈な一撃をまともに背中に受けた。差しこみが体を鋭く貫き、失神して地面に倒れこんだ。かなり時間がたったように思われた後、意識が戻った。半ば引きずられるようにして監房に運ばれた。

翌日、脊柱の痛みはあまりに激しく、足にはまったく力が入りそうになかった。呼び出しを受けて尋問に向かおうにも、足を代わるがわる前に置くことしかできなかった。もはや忍耐の限界だった。

今回は母屋の中に通された。ヨシムラは、広々とした、居心地の良さそうな部屋のテーブルの前に腰かけていた。衰弱しきった私の姿を見て、彼は椅子に座るよう手招いた。私はこのありがたい申し出を受けた。拷問の張本人の態度に変化があった。これは一体どうしたことだろうと思った。

「お前が聴いていたニュースについてすべて知りたい」とヨシムラは切り出した。

これは願ってもないことだ。戦争の成り行きについて真実を話すことで、たぶんこの日本人の自信に、たとえわずかでも一撃を加えることができるだろう。「聞いたことすべてを喜んでお話しします。細かいところまで全部は覚えていないことをお許しください。でも、少なくとも主だったことについてはその通りにお話しします」

私は、太平洋での日本軍による一連の勝利――シンガポール占領、ジャワとスマトラ、そしてビルマの征服――について覚えていることのあらましを述べることから始めた。すると、軍曹の顔がまるで子どものように喜びで輝いた。雄々しく、心躍るような日々を思い出したのだ。話を珊瑚海海戦（一九四二年五月上旬、オーストラリア北東の珊瑚海で日本海軍と連合国〈アメリカ合衆国・オーストラリア〉軍の間に発生した戦闘）における日本海軍の敗北に進め、彼の表情が落胆と怒りに変わっていくのをほくそ笑みながら観察した。日本軍進行の潮流がどのようにオーストラリア大陸に打ち寄せ、その後引き始めていったかについてできるだけ上手く説明した。

「そして今、」私は言った。「日本軍はソロモン諸島から徐々に駆逐されています。どうして日本の政治家は、あの卑怯な真珠湾攻撃の報復を逃れられるなどと考えてきたのでしょう？　アメリカ合衆国の強大な力に挑んでおいて、ただで済むはずはないのに。よほど向こう見ずだったのでしょうか」

「ソロモン諸島での軍事行動についてお前が知っておることは何か」

「連合軍の空軍と海軍、そして陸軍が合わさって、いかに圧倒的かということを知っています。島々が奪還される度に、アメリカの爆撃機の日本本土までの距離が縮まっています」

神聖な祖国に迫る脅威についてふれたことでヨシムラは逆上した。「よくもそんな事を！」彼は叫んでテーブルから杖をつかみ取り、私の頭と肩をくり返し打ちすえた。

私はこの頃にはこうした怒りの爆発には十分慣れていて、意のままにできる忍耐力で痛みに耐えた。「すべて話せとおっしゃったのはあなたですよ。ですから包み隠さず申し上げております」

「よろしい。では、覚えておけ。我が軍は間もなくインドに進軍する」

「それは知りませんでした。でも、イギリスがインドに大軍を送りこんでいることは知っています。遠からずビルマを奪い返すでしょう。そうなれば中国への輸送路が再び開き、大量の軍需物資が日本の旧敵である中国へ流れこんでいくことになります」

「我が軍の爆撃機が何もできないと思っとるのか」「インドのいくつかの町を何回か爆撃してはいます。でも現在、イギリスのスピットファイア（イギリス軍の主力戦闘機）が立ちはだかっていて、爆撃機は戦略上価値のある目標まで達することができていません」

「スピットファイアなど、我がニッポンは恐れはせん」

「そうかも知れません。でもドイツは間違いなく恐れています。ほぼ毎日、チャーチル首相は何千もの飛行機をドイツ爆撃に送りこんでいます」

「チャーチルのことなど、聞いてはおらん」

「ニュースについて話せとおっしゃったじゃありませんか。あなたがどうお思いになろうと、ニュースとなればチャーチル首相はどうしたって出てきます。チャーチル首相は、イギリスがこれまでに生んだ最高の戦時指導者の一人だということをご存知ないのですか」

「続けろ。他にはどんなニュースを聞いた？」

「私が逮捕された直前の段階で北アフリカでの作戦行動は大勝利で終わり、イタリア本土進行の足がかりを築く準備ができていました。地中海が航行自由となり、連合軍の輸送船にとって東方への航路はかなり短縮されています。日本の敗北に向けて軍需物資と軍隊がよほど早く到着することになるでしょう」

「お前はイギリスの謀略宣伝を聴いて、すべて鵜呑みにしておるんだな。イタリアの降伏についてはいつ聞いた？」

罠が仕掛けられていることに気づくだけの余裕があった。イタリア降伏のニュースは私の逮捕後だ。中央警察署の監房でささやかれていて、サミーとサパンを通じて確認したことだ。

「では、イタリアは降伏したんですね。それはいい知らせだ。あなた方は同盟国を一つ失ったことになる」

「質問に答えんか」

「あなたに言われたこの瞬間まで、イタリア降伏のことは知りませんでした。七月中旬からラジオは聴けませんでしたし、その頃、イタリアは降伏していませんでしたから」

「なら、命を懸けてまでイギリスの放送を聴こうとした真意は何だ？」

「好奇心です。本当のことが知りたかったんです。イギリス統治下では、常にニュースを聞くことができました。どんなに都合の悪いニュースであってもです」

「お前が聞いたことを伝えたイギリスのスパイは誰だ？」

「そんな人、いません。今のマラヤで諜報活動ができるほど、勇敢で優秀なスパイがいるとお思いですか。ニュースについてはジョージ・マティウスとウォンさん以外、だれも信用しませんでした。あの二人なら秘密を漏らすことはないと分かっていました。いずれにしてもラジオを都合してくれたのは彼らで、彼ら自身が関係していたわけですから。二人とは、私が伝えたことは他の誰にも知らせないと約束していました」

話していて、体中冷たい汗がふきだすのを感じ、目の前が真っ暗になった。そしてそれっきり、何も分からなくなった。

意識が回復すると、母屋の外の芝生に横になっていた。ヨシムラ自身が水の入ったグラスを私の唇に当てていた。「腹が減ってるだろ？」意識が戻ったのを見て、ヨシムラが言った。「食い物を用意させてある。お前が菜食主義であることは承知だ。だから野菜と飯だけだ。好きなだけ食って、好きなだけ飲め」

私は何も言わなかった。足を引きずりながらヘーホの後を追い、母屋裏手にある台所に向かった。台所は年輩の日本人女性が切り盛りしていた。やさしい顔つきの人だった。湯気の立つ、かぐわしいご飯が盛られたお皿を私に手渡しながら女性はほほ笑んだ。椅子に座って食べた。食べていて、死刑宣告を受けた囚人が最後に供されるという食事について聞いた話が思い出されてならなかった。ヨシムラの態度の変化は、もうこれ以上私から情報を聞き出せる見こみはないと諦めたことを示唆しているようだった。だとしたら、ケンペータイがこれ以上私を生かしておく当てはない。すぐにでも殺されることが予想された。心の動揺はなかった。過去数週間に及んだ拷問の後で、死は願ってもない救いになるだろう。それに、私の家族に咎めはないと知り、ゲリラや彼らとの接触についての情報を私から引き出そうとするあらゆる試みに首尾よく抵抗しえたという救いがあった。その一方で、空腹だった。目の前のお皿からはおいしそうな匂いが立ちのぼり、私はものすごい勢いで食べ始めた。

ほしいだけ食べ、ほしいだけ飲んで、再びヨシムラ軍曹の前に連れていかれた。「飯は楽しめたか」彼が聞いた。

「はい、ありがとうございます」

「今日はこの後、ここにいろ。座って、休め。見張りは誰もつけないが、逃げようとはするなよ」

「それほど愚かではありません。夫が人質になっていますから」

ヨシムラはうなずき、立ち去っていった。お金持ちの部屋の豪華な調度品に囲まれ、ゆったりとした椅子に背中を沈めた。そして、そう先のことではないと確信した死という最後の厳しい試練に備えて心を落ち着かせた。こうしてこの日は穏やかに過ぎ、夕方になって監房に戻された。

次の数日間、ケンペータイは私の存在を忘れてしまったかのようだった。第三監房には新しい囚人が押しこまれ、収容人数は絶えず変化した。他の囚人は尋問や処刑へと引きずり出されるか、あるいは釈放されていった。しかし私には何の呼び出しもなかった。私はほとんど眠らず——たいていは朝まだきに一、二時間——、夜は祈りと内省をして過ごした。

日中は気分が良く、落ち着いた気持ちでいられたので、少しでも同房の囚人仲間の助けになるようにと房内の掃除や片付けに精一杯努めた。

監房の収容人数は変化したが、たいていは七人から一〇人だった。ほとんどの期間、私は男たちの中でただ一人の女性だった。男たちはいつも最高の礼儀正しさと心遣いで接してくれた。リム・エンは私の特別の友人、そして庇護者となってくれた。彼と私、そしてチン・ホワと「アンディー」という中国人の若者二人は監房の隅に居場所を決め、そこで「会食」した。

夕方になると、くずれそうなご飯の固まり（握り飯。日本の米とは違って炊飯後の粘り気がなく、しっかりと握り固めることができない）が何の容器もなしに与えられた。囚人の多くは、臭くて害虫がはびこる寝台の上に広げて食べた。リム・エンはしかし、ランニングシャツを脱いで寝台に広げ、それを私たちのテーブルクロス、ないしは共用の皿として使おうと言って譲らなかった。食後、彼はそれをぱたぱたと打ち振り（シャツからこぼれ落ちたご飯粒は直ぐさまつまみ上げて、貪るように食べた）、次の二四時間、そのランニングシャツを着ていた。

食事の量はかろうじて命がつなげるくらいしかなかったので、いつも空腹だった。なのにチン・ホワは半分以上ご飯を食べることはなく、私たちの反対をよそに、残りは三人で分け合ってくれ、と言って聞かなかった。この事からある日の晩、食事の半分を残しておいて、翌朝食べるというアイデアが生まれた。アンディーがすでに傷んでいるシャツの片袖をもぎ、ご飯を包みこんだ。その包みを私は、見張りに見つからないようにワンピースの下に隠した。こうした事は固く禁じられていたからだ。

消灯時間になり、これまでにない朝食が待っていることを楽しみにして眠りに就いた。包みは壁際に置かれ、巡回するケンペーが持つ強力な懐中電灯の光を遮るようにアンディーが体を横たえた。間もなくして監房の囚人は全員眠った。静寂を破るものは、かすかないびきとうめき声、そして半ば押し殺したような泣き声だけだった。少なくとも一人の囚人にとって、夜は昼の悪夢からの救いにはならなかった。

私は習慣に従って眠ろうとはせず、横になって目を覚ましたまま祈りに集中していた。突然、かさかさいう音に気を取られた。何かが床を引きずられていくような音だった。体を起こし、外からの薄ぼんやりした光の中で目を凝らした。大きなネズミが私たちの貴重なご飯の包みを壁沿いに、寝台の端の方へ引きずっていくところだった。「あっ！」私は鋭く声を上げたが、ネズミはまるで気に留めず、誰も目を覚まさなかった。横になっているチン・ホワとアンディー越しに身を乗り出し、すんでのところで朝食の包みをつかんだ。もう少しで寝台の向こうに消えてしまうところだった。しかし、それでもネズミは包みを放そうとしなかったので、もう一方の手でネズミを叩いた。貴重な包みは無事だった。この間一髪の経験から用心するようになり、就寝時、ご飯の包みは誰かの頭の下でしっかりと守られるようになった。

イポーの夜は、一段と冷えこむことがある。激しく雨が降った後が特にそうだ。体が衰弱し、重ね着する服も体に掛けるものもないとなれば、寒さは痛いほどだった。リム・エンは逮捕されたとき、ランニングシャツと半ズボンを身に着けているだけだった。寒い夜は、彼と私が特に応えた。チン・ホワとアンディーはそんな私たちを見かねて、自分たちがやや暖かい服装だったことから下着を脱ぎ、毛布代わりにと譲ってくれた――とてもありがたかった。しかし寒さや空腹以上に私の気持ちを惨めにしたのは、水浴がまったくできないということだった。

ある日の朝、勇気を奮い起こした。ドアの下半分にある、食事が配給される開きの横にしゃがみこみ、水道まで行って体を洗わせてほしいと見張りに願い出てみた。運の悪いことにその時、ドアのすぐ脇、目に入らないところでケンペーが立哨（りっしょう）していることに気づかなかったのだ。すぐさま重いブーツの蹴りが、しゃがみこんでいた開きに飛んできた。すんでのところで頭を引いて強い蹴りが顔に入るのは避けることはできたが、ブーツの先が膝の横を捉えて皮膚が大きく剥がれた。私は床に倒れ、しばらくの間その場から動けなかった。体に力が入らず、アンディーとリム・エンが隅の私の居場所に運んでくれるまで横になったままだった。

ある晩、中年の中国人が衰弱しきった状態で私たちの監房に放りこまれた。顔には火のついたタバコを押しつけられた痕がいくつもあった。中国人のびしょ濡れの服と全身の様子からして、恐ろしい水責めに遭ったようだった。何とか楽にしてあげようと手を尽くした。ようやく感謝の言葉を口にするほどには回復し、共産ゲリラを支援した罪に問われていると話した。

「でもなあ、連中のあらゆる質問に対して、俺の返事は一つっきりさ。連中に何を聞かれようと――単に俺の名前であっても――、俺の返事は『タ・タウ』――『知りません』だ。ああいう鬼みたいな奴らにはたった一つの無難な返事だ」それ以上、彼に何か聞くのは控えた。以来、監房で彼は「タ・タウ」の名で通っていた。

二日後、タ・タウが以前よりも一層ひどい状態で監房に運びこまれた。見るからに生気なく横たわり、脈はかすかで、時折喘ぐように息をついた。できることはすべてしてあげたが、朝までもつとは思えなかった。何時間かして、私を除く囚人全員が眠りに就いた頃だった。彼は意識が戻り、か細い声で水を求めた。「しっ！」私は言った。「お水、何とかしますからね。でも、声を立てないで。ジャップが来るから」

インド兵の見張りが監房の外をゆっくりと行ったり来たりしていた。彼の情けにすがるしかないが、甲斐なく罵りを浴びるだけかも知れなかった。だとしても、やってみるしかない。ドアの脇にひざまずき、他には誰もいないか確かめようと注意深く耳を澄ました。そして、「兵隊さん！」。見張りが私の向こう側を通ったときにささやき声で言った。

「何の用だ？　話すことは許可されてないぞ。寝ろ」

「近くには誰もいません。話したいんです。夜の見回りで、どうして銃の木の部分だけ持ってるんですか」

「俺たちには壊れた銃しかくれないのさ。さわったら、ばらばらになっちゃう奴をな。銃身を落っことしたらすごい音がするだろ？　だからそいつは警備員詰所に置いてあるんだ。あんた、どうしてここに入れられてるんだい？」

「あなたご自身と同じで、私は囚人なんです。あなたの助けが要るんです」

見張りは何も言わなかった。しかし、ドアから離れていこうとはしなかった。そこで、続けた。「隅にいるあの男の人なんですが、喉の乾きとかなりの疲労で死にそうなんです。お水を一杯飲めば助かるかも知れません。あなただけが頼りなんです」

「見つかったら、この仕事を失っちまうんだぞ」

「飲まなかったら、命を失います」

「待ってろ」

見張りは立ち去り、すぐに戻ってきた。水の入った瓶をドアの開きから入れてくれた。私は感謝を伝え、受け取った。そして、かわいそうなタ・タウのところに行った。片手で彼の頭をそっと支え、もう一方の手で瓶を唇に当てた。そして、貴重な液体が口の中に流れていくよう瓶を傾けた。と、その時、コンクリートのベランダに靴音が高く響いて、巡回のケンペーがやってきた。コルク栓を抜いた瓶を床の上、ひざまずいた膝の間に立たせ、ワンピースのスカートで隠すだけの時間があった。そして胸の前で両手を組み、祈りの姿勢を取ったとき、ケンペーの懐中電灯が放つ強烈な光が房内を舐めるようにゆっくりと照らした。少しの間、光は私にとどまり、そして行ってしまった。

「あの女、夜は眠らないのか」ケンペーが見張りに尋ねるのが聞こえた。

「いつも祈ってます、トゥアン」見張りが答えた。そしてケンペーは立ち去っていった。タ・タウの喉に残りの水を注いだ。空になった瓶を見張りに戻したとき、そこにいたのは人の命の価値が分かる友だった。しかし翌日、彼の班は留置場勤務の期間が終了し、見張り全員が入れ替わった。

タ・タウにとっては、ひょっとしたらあの夜に亡くなっていた方が良かったのかも知れない。もう二日間の尋問の後、彼は処刑のために連れ出されて二度と会うことはなかった。
一、二日後、ウィリアムが壁をそっと叩いた。監房の奥にある窓から話しかけると、供述調書に署名し、ドクターも署名したと言う。私はほっと息をついた。これでヨシムラに関する限り、二人の件は落着したことを意味する。彼ら二人から情報を絞り出そうとする試みがこれ以上なされることはないだろう。この供述調書だけが裁判で提出される証拠で、それは急ぎ作られた形式的なもの以外の何ものでもない。その後、二人は判決を言い渡されることになる。ウィリアムにはきっと数ヵ月の懲役、ドクターにはたぶん二、三年だろう。苦難の時代、人の基準はなぜこうも変わるのだろう！

戦前なら、ドクターのような経歴や年齢の者が実刑判決を受けるなどということは考えられなかった——仮に実刑となれば、生き地獄だったろう。しかしケンペータイ監房での拷問の後となると、刑務所暮らしは贅沢な休暇、あるいは静養とも思えてくるのだった。

ウィリアムとドクターは二人とも、禁制のラジオを聴いていたことを認めた。ドクターはまた、病気のゲリラを強制されて治療したことも自白した——しかし、銃傷を負ったゲリラへの関与については断固否認を貫いた。その同じ日、リム・エンも監房から呼び出され、供述調書に署名してラジオを聴いていたことを認めた。後になって、ジョージ・マティウスとウォンさんも罪状を認めたと聞いた。私が巻きこんだ人たちの命は無事との知らせに、ヨシムラと対峙する力と勇気が湧いた。私の言ったことやしたことが何であれ、今や自分だけがその報いを受ければ良いのだ。

第一七章

慈悲の心のかけらもない

一週間以上は続いたに違いない中断の後、ついに連れていかれたヨシムラの部屋はいつになく改まった雰囲気が漂っていた。軍曹自身、軍服を身につけ、テーブルには軍刀が置かれていた。ヨシムラの周りにはケンペーがかなりの数集まっていて、できるだけしっかりした足取りで部屋に入っていこうとする私を見ていた。

テーブルの前に立つと、ヨシムラが大きな紙を一枚手にしていた。そこには、正式な日本語の活字（和文タイプライターで打たれた文字と思われる）でかなりの文章が書かれている。これは間違いなく、私に対する供述調書だろうと推測した。

一瞬、拷問の張本人と無言で目を見交わした。ヨシムラのまなざしには、不承不承の感嘆のようなものがあるように思えた。彼はようやく私との対峙から身を引き、私は文官当局に委ねられるということが分かった——真偽は定かではなかったが。

「シビル・デイリー、お前は最後まで実に強情であった。そして要らぬ苦しみを自ら招き、我々に散々厄介をかけてきた。お前は、どうしてそれほどまでニッポン政府を憎むのか」

「正直にお答えしてもよろしいのでしょうか。それとも、お気に障ることを申し上げれば、また殴りつけるおつもりですか」

「話せ。もはやお前は殴るに値せん。好きなことを言ってよろしい」

「あなた方の政府は大嫌いです。あなた方日本人は権力を笠に着て、どこであろうと暴君のように振る舞う権利があると考えているからです。あなた方はマラヤの人々を、ブーツと鞭（むち）だけに尻尾を振る、育ちの悪い犬のように扱います。マラヤは今日（こんにち）まで何世代にも渡ってイギリスに統治されてきたこと、そしてあなた方よりもずっと文明化された生活を送るようになっていることをお忘れです」

「我々は、征服と抑圧で帝国の礎（いしずえ）を築いたイギリスの例に倣（なら）っておるに過ぎん」

「ですが、イギリスはマラヤに文明をもたらしました。それに、今さら何百年も昔の例に倣おうというのでは、お話になりません」

「イギリスは二度と戻らん。奴らは逃げたのだ。お前たちを置き去りにしてな」

「それは嘘です！　あなた方の卑怯な攻撃に準備ができていなかったんです。それで、去っていかざるをえなかったんです。でもイギリスは、今この時も近づいてきていることをあなたもよくご存知のはず。あなた方は、やってきたときよりもずっと急ぎ足で出ていくことになるでしょう。そう先の話ではありませんよ」

「イギリス人のお友だちの嘘にお前は騙(だま)され、欺(あざむ)かれてきたのだ。東南アジアは永久に奴らから自由だ。いったん追い払われた場所に奴らは二度と戻ってはこん。我々日本人は将来に対して何の不安もない。今現在を考えてみろ。お前は犯した罪によって幾度となく死ぬような思いをしてきたが、イギリスはお前を救えないではないか。お前は我々の情けにすがるばかりだ。だが、助かる道もあるぞ。我々に協力し、我々が知りたいことすべてを話しさえすれば良い。そうすれば、自由で、夢にも見たことがないような贅沢な暮らしを送ることができる。お前や夫、母親、子どもはイポーでも最高の邸宅を手に入れ、暮らすことができるのだ。自動車に使用人、欲しいだけの金、権力と尊敬がお前のものになる。お前は頭の良い女だ――少しばかり賢く振る舞えば良いだけではないか」

「魅力的な餌ですね。そうした餌のためなら、あなたはテンノー・ヘイカに背(そむ)きますか」

「無論、それはありえん！　それとこれとはまったく別の話だ」

「どこが別なんですか。ご自分は国やテンノー・ヘイカに背かないでいて、私には自分の国を裏切れと言うのでは筋が通らないじゃありませんか」彼は一言もなかった。私は続けた。「私が犯した罪についておっしゃいましたが、私に対する罪状はどういったものなのでしょうか」

彼は一瞬ためらい、テーブルの書類に目をやった。

「お前はまず、マラヤで敵の諜報員に協力し、奴らのためにスパイとして活動したこと、二つには、共産ゲリラや犯罪者に対して治療を施すとともにその他支援を行なったこと、そして三つには、ラジオを保有して敵の放送を聴き、敵の謀略宣伝を拡散したことで告訴されておる。これら罪状のそれぞれが死刑に相当する」

「どのように処刑するおつもりですか。絞首刑はお断りです——銃殺刑が望みです」

「お前の犯罪に対しては斬首だ」

「では、首のない体を埋めるんですね。そして、あなた方の野蛮さの証明として、私の首を公にさらそうというのですね。どんな死に方であろうと、死んだら同じことです。ですがあなたは、ご自分の行ないに対して報いを受けなければならなくなります。あなたは上司の認可を得て務めを果たされているのでしょうが、だからと言ってイギリスが戻ってきたらただでは済みませんよ。あなたの犯罪には相応の報いがあるでしょう」

「言ったように、我々は将来に対して何の危惧も抱いてはおらん。まあ、お前には将来は縁のない話だがな。だが、その気があるなら、まだ自由になることはできるぞ。俺は二、三時間のうちに戻る。その間、我々からの提案をよく考えてみるがいい。戻ったら、お前の結論を聞こう。俺が言ったことをとっくり考えろ」

そう言って、ヨシムラは靴音を響かせて部屋を出ていった。残された私は、彼に答えたことについて考えることも後悔することもなく、今や確実となった自分の死について考えを整理した。

ヨシムラが戻るまで、それほど長い時間はたたなかったと思う。「それで？」私の前に立って、彼は言った。「気持ちは変わったか」

「いいえ、私の気持ちが変わることはありません」

ヨシムラは顔色一つ変えなかった。「それは残念だ」テーブルにつきながら言った。「お前は勇敢な女だ」

彼はテーブルの文書に署名するかのように、ペンを取った。そして一瞬、苛立ちを抑えきれず、突然激高した。ペンを私に投げつけ、部屋を出ている間に履き替えたスリッパの片方をつかみ、日本語で荒々しく罵りながら私の胸に力いっぱい投げつけた。私は少しの間立っていたが、やがて一言も言わずにかがんでペンを拾い、テーブルに戻した。スリッパを取り、軍曹の足元に置いた。彼は落ち着きを取り戻し、文書に署名した。そして私を監房に戻すよう、ヘーホに命じた。夫の監房の前で立ち止まり、ドアの下半分にある小さな開きから話しかけた。「ズィウ、具合はどうなの？」私は呼びかけた。

「やあ、ビル」夫が答えた。「ヘーホの話では、私たちはみんな、監禁が解かれるそうだ」

「それが本当なら、いい知らせね。上手く運ぶことを祈りましょう」たった今、死刑宣告に等しい告知を受けたことについてはふれなかった。第三監房の誰か囚人仲間に話すこともなかった。

三日後、再びヨシムラの前に呼ばれた。「死はまだ、生きることや自由よりもお前を引きつけておるのか」彼は尋ねた。

「もう考えは変わったか」

「変わりません。私の気持ちが変わるのをお待ちになるのはお時間の無駄です」

「お前が死を選ぶのは勝手だが、家族はどうなる？　なぜ家族の者の自由と富を否定するか」

「裏切りが代償なら、私の家族はあなた方からの自由や富を受け容れることはありません。申し上げさせていただきますが、お時間を無駄にされています」

しばらくの間、軍曹は私と押し問答をくり返したが、説得する見こみはないと諦めているようだった。ついに彼は断念した。「良かろう。もはやお前のためにしてやれることはない」

タイプされた文書の束をテーブルからつかみ上げ、私の方に押し出しながら言った。「ここに、尋問を通してお前が供述したことを英語で書いたものの写しがある。お前の署名が必要だ」

文書を手に取った。一目見て、私に対する容疑事実すべてを完全に承認する旨が書かれていることが分かった――しかもいない承認がだ。

「全部嘘じゃないですか」私は大声で言い、文書をテーブルに投げつけた。「私はスパイではありません。スパイだなんて、一言も言っていません」

ヨシムラは肩をすくめ、代わりに罪状そのものが書かれている方の文書を手に取って読み上げた。「罪状については分かったかな？」

「分かりました」

「ならば、聞いて理解したことの証しとして署名してもらおうか」

英語の翻訳が日本語の文章の下に書き加えられていた。私はこれを読み、署名した。次に親指が赤インクのスタンプ台（朱肉のこと）に押しつけられ、自分の署名の横に指紋を押捺（おうなつ）させられた。ヨシムラは私の名前の下に署名し、公職にある日本人なら誰もが持っている封印（印鑑のこと）を押した。それを見て、闘いは終わったと思った。もう闘う必要はない。今後の成り行きに任せるだけだ。

翌日になってヘーホが、ケンペータイは私たちから手を引き、身柄は文官当局に移管されることになると教えてくれた。バトゥ・ガジャの刑務所へトラックで移送されるという。

第一八章

ケンペータイで囚われていたのは一ヵ月に過ぎないが、その一〇倍は長くいたような気がする。監房のドアから錠が外されたのは正午頃。四つん這いになって、犬のように出た。ドクターとウィリアム、他の囚人も数名、そして武装した護衛がベランダで待っていた。ドクターはひどく弱っていて、誰かの支えなしでは立っていられなかった。ウィリアムの腕にすがり、かなり具合が悪く、疲れきっている様子だ。

私の姿を見て、話しかけようとドクターが口を開いた途端、護衛に顔を殴りつけられて黙っているよう言われた。私はほとんど歩けず、ヘーホ二人の助けを借りなければならなかった。支えてもらいながら皆に遅れまいと後を追い、トラックが待っている母屋の正面へ回った。私たち囚人は、トラックの荷台に這い上がらされた。逃亡を防ぐために、薄情にも両手首は食い入るような針金で縛られていた。荷台には武装したインド兵が一人乗っていたが、夫と二言三言交わすことができた。

「つらそうね、ズィウ。どうしたの?」

「太ももに大きな膿瘍があってね。全身に毒素が回らないうちに手術が必要なんだ」

「心配ないわ。刑務所の病院で手当てしてくれるわよ。健康でいて、体力をつけないとね、ズィウ。イギリスが戻ってきたら、子どもたちの面倒を見なくては。私に何があっても、それだけはお願いよ」

会話は護衛に荒々しく中断され、ドクターはトラックのずっと奥に追いやられた。トラックの荷台には幌がなく、日に当たることのなかった私たちの頭と肩を太陽が容赦なく照りつけた。言うまでもなく、再び外気にふれ、空と青いペラの丘を目にするのはこの上ない喜びだった。たとえこれが最後だとしても。

トラックのスピードはゆっくりだったが、刑務所まではすぐだった。煉瓦塀に囲まれたバトゥ・ガジャ刑務所の大門をくぐったとき、日はまだ高かった。トラックの助手席に乗ってきたヨシムラ軍曹が私たちの身柄を刑務所の日本人所長に引き継いだ。

いったん刑務所の中に入ると、「さようなら。神のご加護を。またすぐに会えるわ」と言うほどの時間しかなく、男たちは連れていかれてしまった。私は日本人所長から、女性の囚人を担当する女性看守長に引き渡された。

スティーヴンス女性看守長のことは何年も前から知っていて、戦前にバトゥ・ガジャを訪れた折りには度々彼女のところに立ち寄っていた。どう扱われるのだろうと思った。看守長は一言も言わず、女性棟にある自分の執務室に私を連れていった。彼女はふり向き、椅子を指さして言った。「どうぞお座りください、ミセスK。あなたとここでお会いするなんて、残念過ぎて言葉がありません」

「ここには囚人としているということをお忘れなく」

「ジャップが近くにいる時だけはね」

「ありがとう。でも特別扱いは必要ありませんよ。嫉妬を引き起こしますからね。それに、あなたご自身も危うくなりかねません。ただ、一つだけ要望が。水浴をお願いできますでしょうか。あと、衣服を洗う石けんも。私は政治犯であって、刑事犯ではありません。囚人服を着るのはお断りします」

要望は認められた。あの水浴と、その後の清潔感ほど贅沢なものを私は知らない。清潔ということがどういう感覚なのかほとんど忘れていたのだ。水浴を終え、傷(いた)んだ衣服を洗って外で日に干した。乾くのを待つ間、女性看守長から借りた古いシーツ二枚ばかりにくるまっていた。

ケンペータイの監房を経験した身には、刑務所は御殿のようだった。監房は広くて風通しが良く、換気のしっかりしたトイレが隣接されていた。確かに家具こそ一つもなかったが、監房はシミ一つなくきれいで、害虫に煩(わずら)わされることなく木の寝台に横になることができた。窓の煉瓦の腰壁は高さがわずか一メートル半、その上は天井まで鉄格子がはまっていた。この腰壁越し、鉄格子を通してハイビスカスやカンナなど、花々でにぎやかな庭を眺めることができた。

戦前、イギリス統治下で定められていた管理基準が女性看守長やスタッフによって維持されていることに敬服せずにはいられなかった。食事は一日三食。刑務所食はケンペータイでのものとあまり変わらなかったが、少なくともご飯はお椀で食べ、お水は好きなだけ飲むことができた。女性看守たち——そのうちの一人は実際、スティーヴンス女性看守長と同じくらい以前から知っている人だ——とはすぐに仲良くなった。女性看守たちは刑務所食に加え、わずかながらもこっそりと差し入れをしてくれるようになった。食べ物と同様、外の世界のニュースも知らせてくれた。

私は毎日、日本政府の監督下で印刷された英字新聞を読んで行間の意味を探り、連合国の攻勢に勇気をもらった。女性看守はまた、夫とウィリアムのことも知らせてくれた。刑務所に着いた翌日、夫の膿瘍はチェルヴァム医師によって手術されていた。その結果、着実に回復していた。

この頃、私の脊柱(せきちゅう)下部の痛みは日に日に増すばかり。どんなに頑張っても、もはや私の足は体を支えられないだろうと思った。後に、ヨシムラの強烈な殴打によって脊椎骨(せきついこつ)が砕かれ、それが原因で半身不随を引き起こしているということが分かった。しかし、夫をいたずらに心配させたくないという思いから、当面知らせないでほしいと女性看守には頼んだ。クリスマスの前にはもう、誰かの補助なしで立ったり、歩いたりすることはできなくなっていた。

クリスマスが近づくにつれ、聖アンソニーの祈祷書(きとうしょ)から癒しを得るようになった。日本人所長には見つからないようにと言われ、スティーヴンス女性看守長から頂いたものだ。看守長はまた、クリスマス・シーズンを祝うためにと小さなケーキも届けてくれた。監房で横になっていると、近くにある聖ジョセフ教会から希望と神への感謝を告げる鐘の音が聞こえてきた。

クリスマスが過ぎた。新年になって一週間後の結婚二五周年の記念日、私たち全員がイポーの最高裁で裁かれるということを知ったが、裁判とは名ばかりであることはよく分かっていた。判決はすでに——私に関する限り——ケンペータイ司令部で言い渡されていた。しかしイポーでの裁判となれば、一般の人たちも傍聴できる公判を意味する。少なくともイギリス統治下と同程度の司法制度を維持しているという自負がある日本政府は、弁護士による被告の弁護を許可するのではないか。夫とウィリアムに弁護士をつけることが許されるかどうか調べてほしいと女性看守長にお願いした。

「分かりました。でも、あなたご自身はどうするの？」

「弁護士は私の助けにはなりません」

「どういうこと、ミセスK？」聞かれたが、答えなかった。

二日ばかりして、ドクターとウィリアムの弁護にクマラスワミ弁護士が当たることになると女性看守長から知らされた。この件に関してのクマラスワミ弁護士の関与は即座に実を結んだ。彼の働きかけのお陰で私たちは皆――日本側のどこかあいまいな理由からウィリアムを除いて――、裁判を待つ被告に許される通常の恩恵を受けることができたのだ。友人たちは、刑務所食を補う食べ物を刑務所に持ちこむことが許可され、私たちは毛布や替えの衣服も受け取ることができた。仲の良い看守の計らいで、ドクターは食べ物の一部をウィリアムに回すことができた。私は自分の分を女性棟の囚人仲間にお裾分けした。こうした待遇が許されるということは、寛大な処置を期待して良いのではないかと刑務所のスタッフは口々に言った。

「殺す前に太らせようとしているだけですよ」私は女性看守長に言った。

「やめて、そんな考え方」女性看守長は断固として言った。「私の言ってることが正しいって、いずれ分かります」

私は何も言わなかったが、希望のかすかな光という贅沢に浸ることを初めて自らに許したのだった。

ある日、予期せぬ訪問を受けた。軍服を身につけ、もちろん軍刀も下げた暗い顔の日本人だった。名前を聞かれただけで、立ち上がるよう求められた。私にはとても無理だった。後に、この日本人はスギモトという名の検察官だったこと、そして私については夫やウィリアムたちといっしょにイポーで裁判を行なうのではなく、健康状態に配慮して刑務所内で非公開に執り行なうべきとする決定が下されたということを知った　。

私に配慮し、無用な苦痛を避けるため、と当局はもっともらしくうそぶいた。しかし私は騙されなかった。日本政府は文明の仮面を被り、この上なく野蛮な行為を隠そうと常に躍起となっていた。被告人席での手足が不自由となった私の姿は、ケンペータイで採られた取り調べ方法についての動かぬ証拠となってしまうのだ。支配者は徹底して無慈悲だった割に、世論に対して鈍感ではなかった。ドクターと私はイポーではあまりに広く知られていて、裁判が世間の大きな関心や批判を引き起こさないはずがなかった。

イポーでの裁判は二月二一日と決定された。

裁判当日が近づくにつれ、訴訟はペラ州の裁判長立ち会いの下で執り行なわれるという報道が確かなものと分かり、元気づけられた。クサカ裁判官は公正で、思いやりのある人物として評判だったからだ。彼には戦前、イギリス人の友人が大勢いて、イギリス人とその公正さを堅く信奉していた。

二月二〇日、ドクターとウィリアムはジョージ・マティウス、ウォンさん、リム・エンらとともにバトゥ・ガジャ刑務所を出てイポーの警察署監房で夜を過ごし、翌日の裁判に備えた。その夜はほとんど、そして翌日は朝から、私の行動が原因で災難に巻きこまれ、苦しむことになった人たちのために取りなしの祈り（自分ではなく、だれかのために祈ること）を捧げて過ごした。午後になり、知らせはまだかと気が急いてならなかった。

数時間とも思えるほどの不安な時が過ぎ、女性看守長が監房にやってきて聞いたことを伝えてくれた。まず、ドクターとウィリアムの件については判決が留保となり、他の三人は裁定が下りるまで保釈が認められたという。公判は非常に強い関心を呼び、法廷は収容人数を超える、すべての民族の同情的な傍聴人で埋まったそうだ。

ドクターとウィリアムは、読み上げられた起訴状に対して有罪を認めた。日本人検察官はドクターには死刑、ウィリアムには懲役五年を求刑した。しかしクマラスワミ弁護士は寛大な処置を嘆願するに際し、格段の働きぶりを見せた。裁判官は判決を留保し、軍政府に寛大な処置を強く進言することを約束。最終的には、ドクターは犯罪行為を償うためにビルマ戦線の病人や負傷者の看護に当たるという条件の下、案件は軍政府の手に委ねられることになった。ドクターは裁判官に感謝し、求められれば喜んで日本兵やインド兵を苦痛から救いたいと表明した。こうして裁判は結審。法廷は休廷となり、囚人たちはイポー留置場に戻った。オルガはドーンを連れて父親と面会することと、家から食べ物を差し入れすることが許可された。

二日後の二月二三日、女性看守長が監房に入ってきて、私の裁判がその日の午後に行なわれることになると知らされた。クサカ裁判長が二時に開廷——刑務所の事務室で——すると言う。

「しっかりね」彼女は言った。「みんなで祈ってるわ」

看守長が監房を出た後、聖アンソニーの絵が描かれた祈祷書を取り出し、監房の壁を支えに祈祷書の前にひざまずいて祈りを唱えた。

「大いなる聖アンソニー様、主の聖なるご意志による定めに敢然と耐え抜く力と勇気を給(たま)わりますよう、みどりごイエス様とともにどうぞお取りなしください。それが宿命となれば、聖なる殉教者の精神をもって死に臨むことも厭(いと)いません。しかし仮に死を免(まぬか)れ、私の経験を本に著すことができますれば、本の販売による収益を以(も)ってあなた様の御名(おんな)を冠した教会をイポーに建設することをお約束します。教会の建設後に残金がありますれば、民族や宗教を問わず、貧しき者と苦しむ者の救済に当てることをお約束いたします。どうぞお救いくださいませ、聖アンソニー様」

昼食後、食事といっしょに持ってきてくれた清潔なワンピースに着替えた。女性看守長が、椅子を運ぶ男性囚人二人を連れて入ってきた。私は椅子に座り、二人の囚人によって事務室前のベランダに運ばれた。椅子に座って法廷に召喚されるのを待っていると、そっと肩を叩かれた。ふり向くと、笑顔のクリスがいて驚いた。

「クリス」私は声を上げた。「よりによって、どうしてあなたなの！　一体ここで何してるの？」

「ここへは奥さんの裁判のために来ました。ミセスK、心配ありません。すべて上手くいきますから」

クリスのことを思うと、彼の口からこの言葉が聞けて胸のつかえが下りた——彼も逮捕されたのではないかと案じていたからだ。私を安心させようと、クリスは続けた。

「クサカのことは知っててね。悪い奴じゃないよ、ジャップの割にはね。それと、クマラスワミ弁護士をお連れしています。裁判では頼りになると思う」

「聴いて、クリス。私、弁護士は要らないの。尋問での私の供述についてクマラスワミさんが何を知ってるの？　供述を知らないんじゃ、事を複雑にしてしまうかも知れない。自分の裁判は、どうあっても自分自身で向き合いたいの」

「弁護士に任せた方がいいと思うけど」

「どうか私の思うようにやらせて、クリス。一番分かってるのは私なんだから」

ひどく落胆し、心配してくれているのが分かった。彼は何も言わなかった。その直後、私は即席の法廷へと運ばれていった。裁判官はすでに着席していた。

イギリス人の公正さと法的手続きについての考えに慣れた身には、この法廷は人を馬鹿にしたような茶番だった。裁判官は急ごしらえの台の上、刑務所長の机の後ろに座っていた。その隣、同じ高さのところに検察官のスギモト。そして、反対側の低くなった場所には裁判官の書記がいた。この三人全員が――これは公判廷のはずだが――軍服を着て、軍刀を下げていた。傍聴人は刑務所長とスティーヴンス女性看守長、副看守、知らない男の人が数人――たぶん新聞記者――、そして心配そうに話し合っているクリスとクマラスワミ弁護士だった。

法的手続きを始めるに当たり、裁判官がドクターとウィリアム、そして他の人たちの罪状を読み上げた。被告は全員が罪状すべてを認めたため、法廷は最大限の刑罰――すなわち、ドクターには死刑、他の者には長期の懲役刑――をそれぞれの罪状すべてに課す権限が与えられたと告げた。これを聞いて気持ちは萎えたが、続けて裁判官は、寛大な処置を軍政監に進言し、検察側からの求刑を軽減するよう赦（ゆる）しを求めていると続けた。判決については後日、本法廷で言い渡すことになると告げ、私の審問に入るよう指示した。

私に対する起訴状が読み上げられ、裁判官が尋ねた。「被告人は『有罪』を認めますか。『無罪』を申し立てますか」

「分かりません。閣下」

「どういうことかね、分からないとは?」裁判官は怒って、ばんとテーブルを叩いた。

クマラスワミ弁護士が緊張した面持ちでさっと立ち上がった。「ミセス・カティガス、『有罪』を認めるのか、『無罪』を申し立てるのかしないといけません」

黙ったままでいると、裁判官は続けた。「被告人はすでに罪状を認めていますね」

これは違う。罪状が書かれた文書には署名したが、それは理解したという意味であって、書かれた内容を真実として認めたということではない。しかし、私の有罪を何疑うことなく確信している日本の法廷に公正さを期待することはできなかった。望みはただ一つ、寛大な処置の進言にあった。

「私の無知と混乱をどうぞお許しください、閣下。法廷には今まで入ったことがないのです。私は『有罪』を認めます」

面倒を起こすつもりではないと知って、裁判官は少し安心した様子だった。そして机上の文書に目をやり、形ばかりの質問を二、三した。この質問と、私に確認を求めた数点のことから、裁判官はケンペータイによって「指示されて」いて、自由な質疑を通じて客観的な真実を見つけようとするつもりはないということは明白だった。

また、してもいない承認を私が追認するだろうと裁判官が考えていたことから、ケンペータイは尋問での私の受け答えについてすら、正確な説明を裁判官にしていないということが明らかだった。こうした場合、私は否認を貫いたが、法的手続きのすべてが中身のない形式的なものであることははっきりしている。私がどう答えようと、何かが変わるというものではない。

見せかけだけの公正性が保たれたことに裁判官が満足したところで、検察官は短くはあったが、猛烈な熱弁で引き継いだ。私が犯した犯罪の憂慮すべき性質を強調し、私が有罪を認めた以上、法廷は帝国軍法に策定されている最高限度の刑罰を課すべき、と主張した。すなわち、すべての罪状に死刑を、と。

検察官が着席すると、クマラスワミ弁護士が弾かれたように立ち上がり、被告は大ニッポン政府に対する愚行と忘恩の犯罪を後悔していると裁判官に訴えた。寛大な処置が示されて良いと嘆願した。裁判官は弁護士の弁論に気を留めることはほとんどなく、横に座っている検察官とずっと協議していた。そして弁論が終わると、私の方を向いて呼びかけた。

「何か言っておきたいことはありますか」

罪を後悔する罪人の役割を演じようと決めていた。広く人々の関心を喚起した裁判で寛大さを装おうとする日本政府の意に適うのではないかと期待してのことだ。

「閣下、私は惨めな身体障害者です。私には、老いて体が不自由な母と成人した娘、そして幼い子どもがいます。私は閣下のお慈悲におすがりするばかりです。私のような者はそれに値しないことは重々承知してはいますが。閣下が深い同情と優れたご見識をお持ちの方であることは存じ上げています。この先、私が生きることができないのであれば、乞うてお願い申し上げます。どうぞ夫の命だけはお救いください。さすれば私の亡き後、少なくとも夫は母と子どもたちを養うことが叶うからでございます」

話し終わると突然涙がこみ上げてきて、テーブルに顔を伏せて泣いた。私はむせび泣きながら法廷から運び出され、女性棟の監房へ戻された。

裁判から一、二日後、子どもたちの訪問という思いもかけない喜びが許された。看守長の厚意から、面会は刑務所の事務室ではなく監房で行なわれた。鉄格子のはまったドアが開くとドーンが両腕を広げて走ってきて、私の肩に顔を埋めて泣きじゃくった。「母さん、母さん、死んじゃ駄目だからね」しゃくり上げながら娘は言った。

オルガもまた、今にも泣き出しそうになりながら、私たちの命を救おうと多くの友人と手を尽くしてきたことを説明した。インド人社会の有力者を通じて日本人高官数人との面会を果たしていた。クサカ裁判官自身とも近く会うことになっていると言う。ドクターの判決については減刑される望みがあるが、私の判決については嘆願に耳を貸してくれる日本人高官は誰一人としていない、と娘は言った。

夫についての良い知らせに安心し、泣き止まない子どもたちを懸命に慰めた。許可された面会時間はまたたく間に過ぎた。娘たちの悲しみを目にするのはつらかった。娘たちとの間で監房のドアが閉じられ、もう二度と会えない公算が大きいのだと思うと、そのつらさは例えようがなかった。

ゆっくりと日々が過ぎていった。ある朝、その同じ日の午後にクサカ裁判官が刑務所に来て、判決を言い渡すことになると女性看守長から知らされた。聖アンソニーへの最後の祈りを済ませ、法廷に似せて再び模様替えされた事務室まで椅子に座ったまま運ばれるに任せた。自らの覚悟にもかかわらず、生きたいという思いはこの二、三週間で膨らむばかり。刑務所の中庭や廊下を運ばれていきながら不安が不安を呼び、とても耐えられそうになかった。少なくとも夫の命だけは助かりますようにとくり返し祈りを唱えることで、できるだけ気持ちを鎮めようとした。クリスがまた、事務室の外で待っていた。「心配は要りません、ミセスK。今、ドクターとウィリアムは裁判官といます。次は奥さんです。奥さんを救うために、できることはすべてやりました」

言葉を返す間もなく、法廷のドアが開き、ドクターとウィリアムが看守に付き添われて階段を下りてきた。二人とも笑顔だった。看守も笑顔だった。「懲役一五年だったよ、ビル」夫が言った。「ウィリアムは三年だ」

「良かったわ、ズィウ」心から安堵して言った。「これで私が死んでも、子どもたちはあなたが守ってくれる」

それ以上話す時間はなかった。椅子はすでに持ち上げられていて、事務室への階段を運ばれていった。

「法廷」は前回とまったく同じだった。軍服を着た日本人の無表情な顔を見て、もはや自分の運命はくつがえることはないと思った。しんと静まり返る中、私の椅子は小さなテーブルの前に置かれた。そのテーブルの向こう、裁判官がこちらに対して座っている。自分の心臓の鼓動が、漆喰壁の部屋全体に反響するような心地だった。

「シビル・デイリー」

裁判官の声が静寂を破った。「被告人自らが有罪とした犯罪は、求刑された死刑に十分値する。しかしながら軍政監閣下は、畏くも天皇陛下によって与えられた権限に基づき、本官からの寛大な処置の進言を是とすることが適切とお考えになられた。よって本法廷は寛大な処置として、被告人を無期懲役刑に処す」

主を讃えよ。聖アンソニー様、主へのお取りなしにより、屈辱的な死からお救いいただきましたことを感謝申し上げます！　安堵感があまりに大きく、裁判官のその後の言葉はほとんど耳に入らなかった。

「被告人の夫は、求められればビルマで戦っている我が将兵のもとに赴き、医療に従事する旨約束している。被告人は、その誤った行為を償うことで死を免れた。健康の回復を待ち、被告人も同様、第一線で傷ついた将兵のもとへ送られることになる」

私は気を取り直し、型どおりの感謝を述べた。「閣下、夫の命ばかりでなく私自身の命までお救いいただき、この法廷がお示しになった寛大なご処置に御礼申し上げます。いったん健康の回復を見ますれば、私は過去を精算し、夫とともに苦しみを和らげる仕事に従事いたします」

クサカ裁判官は、皆の話では人間的であり、知的な人物ということだったが、私が最後に述べた皮肉に気づいた様子はまったくなかった――私は良心の命ずるままに最善を尽くして職務を遂行しただけなのに、どういうわけで投獄、拷問され、そして刑を言い渡されなくてはならないのだろう?

裁判官も私と同様、私やドクターをビルマに送るという話はすべて中身のないものだということをきっと分かっていたのだ。マラヤで私たちを信用できないのなら、すでに守勢に立たされているビルマで信用できるわけがない。

判決の知らせは、私が法廷を出る前にすでに知れ渡っていた。法廷を出ると、クリスが進み出て私の手を取り、両手で固く握った。他の、私を祝福してくれる人たちがそれに続いた。刑務所のスタッフもその中にいた。リム・エンとジョージ・マティウス、そしてウォンさんは、それぞれ懲役二、三カ月。刑期にはすでに監房で過ごした期間が含まれる、とクリスが教えてくれた。

監房に戻ると、夫とウィリアムは長期受刑者なのでタイピン刑務所で刑期を務めることになるが、私はバトゥ・ガジャに残ることになると女性看守長から知らされた。夫とウィリアムが私の監房を訪れる許可が下り、子どもたちの世話と財産管理について打ち合わせることができた。責任を持って子どもたちを引き受け、家のことを見てくれる信頼の置ける友人には困らなかった。こうして、先行きについては簡単に片付いた。

いつまた会えるのか分からなかったが、そう先ではないことを強く願いながら私たちは別れた。その後すぐ、夫とウィリアムは厳重な監視の下、手首を縛られ、裸足で歩かされてタイピンに立った。ユニオンジャックの旗（イギリスの国旗）が再びマラヤに翻るまで会うことはないだろうと思った。

第一八章

その同じ日遅く、オルガとドーンとの面会が許された。体がひどく弱っていて、来ることのできない最愛の母からの言づてを伝えてくれた。定期的に私を訪れることの許可が得られない娘たちがかわいそうでならなかった。すぐにイギリスが戻ってきて、またいっしょに暮らせるから、と言って慰めようとした。しかし二人が帰った後、私の楽観には本当に何か根拠があるのだろうかと思うとやり切れなかった。再び自由になれるのだろうか。それとも、囚人のまま死ぬことになるのだろうか。

第一九章

慈悲の心のかけらもない

「裁判」で有罪判決が言い渡され、もはや食べ物や衣服を刑務所の外から受け取ることが許されなくなった。粗末な刑務所食と、仲の良い看守がこっそり持ちこむことのできた差し入れとでどうにか命をつないでいくことを余儀なくされた。囚人服を拒否した私にはワンピースが二着支給され、それを交互に着用した。毛布と櫛も与えられた。ある日、クサカ裁判官が刑務所の視察に訪れ、私の監房に立ち寄った。

「まだ歩けませんか」

「歩けません、閣下」

裁判官は何も言わなかったが、翌日になると水っぽいお粥(かゆ)の代わりに白米を炊いたご飯の配給を受けた。刑務所長が頻繁に私を訪れるようになり、体調が改善されないことから週に一度、食事に油が少量、そして砂糖と塩もいくらか加えられるようになった。傷ついた背中を支えるためにエア・クッションも支給された。脊柱(せきちゅう)はまだひどく痛んだ。ヨシムラに蹴られた側頭部の痛みもひどかった。痛みは常についてまわった。しかし自分があまりに惨めで哀れに感じられるとき、ケンペータイ監房での恐ろしい日々を思い出し、神がお示しになった慈悲に感謝した。こうして何日も、何週間も、何カ月もが過ぎた。その間、外の世界から届くどんな些細な情報もすべて集めて宝物のように大事にし、単調な生活から全力で解放されようとした。

ドクターとウィリアムはイポー警察署の監房で二日間過ごし、タイピンに立つ前に友人すべてからの訪問を受けたと聞いた。イポー駅ではオルガが別れを告げようと待っていて、タイピン駅までの車中、夫の隣に座って同行することが許されたという。駅から刑務所までは裸足で歩かされたそうだ。二人はすぐに刑務所の病院での仕事を与えられた。ドクターは刑務所の看護師助手を任され、ウィリアムは用務員として、下水溝の掃除や薬品関係の手伝いが仕事だった。ほどなくしてドクターは、その経験と技術によって、刑務所の塀の中にあっても刑務所の医師とほとんど変わらない職権を得た。

タイピンでの食事はバトゥ・ガジャよりもはるかに良かった。良い食事に加え、慣れ親しんだ仕事をすることで、ドクターの健康は間もなく改善された。それでも解放時はまだ、哀れなほど痩せてはいたが。

私は毎日、日本の検閲を受けた新聞を読んだ。ビルマ戦線からの誇らしげな公式発表にもかかわらず、現地では何一つ作戦通りには進んでいないことが明らかだった。他方、飛来する数が日毎に増える敵機への警戒警報から、連合国の空軍がマラヤにさえ迫ってきていることが窺えた。

人々はアメリカの新型爆撃機Ｂ29の音をレコードで聴かされ、日本軍機より重低音の飛来音による識別の仕方を教えられた。その年の半ば、半島南部のネグリ・センビランでＢ29一機が撃墜されたという新聞報道があった。この報道は、わざわざ夕暮れを待たずに来襲する敵機が増えていることを自ずと物語っていて――となればこれは、日本軍戦闘機など物の数ではないということではないか、と思った。その後ほどなくして、暗くなるとほとんどお馴染みになっていた重低音の轟音が昼日中に聞こえてきた。監房の窓の鉄格子を通して空の一角をじっと見つめていると、見慣れない飛行機雲がペラの丘の上高く、堂々と伸びていくのが見えた。飛行機が飛んでいる高度にもかかわらず、日本軍のどの爆撃機よりもはるかに大型だということが一目で分かった。他の囚人や看守たちの興奮した声を聞くまでもなかった。これがＢ29、自由の使者だ。

日ごと、解放は近いと益々確信するようになり、と同時に心がはやってならなかった。ビルマではイギリス軍が着実に進軍していることは知っていた。しかし、モンスーン（大量の雨をもたらす季節風）の前に渡らなければならない大河が三つある。そのため、少なくとももう一年は囚われの身でいることに甘んじるほかなかった。私はこの頃には、囚人仲間のほとんどや刑務所スタッフ全員とかなり親しくなっていた。私たちは皆、単調な生活に息抜きを求め、気分転換にとほんのちょっとした機会を捉えて飛びついた。

囚人は皆、「タイニー」（英語で「とても小さい」の意）という太っていて陽気なマレー人女性看守が大のお気に入りだった。彼女が夜勤で巡回にやってくると、決まってすぐに合唱が和気あいあいと始まり、最後はあらゆる種類の踊り――インドの踊りやシャムの蛇踊り、マレーのロンゲン（マラッカに伝わる舞踏。女性二人がひと組となり、銅鑼・太鼓・バイオリンに合わせて踊る）など——で幕を閉じた。これには皆が参加した。自ら踊ったり、あるいはご飯を盛るブリキのお椀やココナツの殻を棒で叩いたり、単に手を叩いたりして伴奏した。私たちの中にはきっと、第一級の踊り手が何人かいたに違いない。古着や着崩れた囚人服姿でありながら、飛び抜けて優雅で、感動的な踊りをいくつか覚えている。

時の経過を常に追うことはむずかしかったが、祈祷書の教会暦を守って祈ることに特に気をつけ、家族や友人たちの誕生日を忘れないようにした。ドーンの誕生日を数日後に控え、娘を驚かせるようなプレゼントの計画を立てた。刑務所の囚人仲間からもらった色々なぼろ切れやココナツの繊維で縫いぐるみ人形を作ったのだ。この頃、私の髪は手でつかむと抜けるようになっていて、その抜けた髪を仲の良い囚人に手伝ってもらってカールし、人形の頭に縫いつけた。女性看守長は、人形が娘の誕生日の前夜に届くよう手配することを快く承知してくれた。ドーンは今日まで、この人形を宝物のように大切にしている。

ドーンの誕生日の後、すぐに私自身の誕生日が続いた。ケーキとご馳走を持って、子どもたちが会いに来た。しかし日本人刑務所長は私との面会を許可しなかったばかりか、二人が誕生日プレゼントを置いていくことさえ許さなかった。シンガポールが連合国の爆撃機に爆撃されたというニュースは、お祝いをする格好の理由になった。私たちはこれを、クリスマスに特別のお祝いを催す口実にすることにした——私にとっては二度目の、しかしこれが最後であってほしいと皆が願ってくれたクリスマスのだ。真夜中のミサを告げる教会の鐘が鳴り響いた。間もなくして、仲良しの女性看守たちが家で作ったケーキを私たちの祝祭にと持ってきてくれた。

新年は新たな苦しみを連れてきた。一月一六日、母の容態がかなり悪いと女性看守長から知らされたのだ。電報で詳しいことを聞いてもらえないかと頼むと、看守長は承知してくれた。一晩中、ほとんど祈り続けて過ごした。朝になり、女性看守長が再びやってきた。

「看守長さん、知らせは？　電報への返信はあったの？」

「返信は要らないの。これ、今日の新聞よ」彼女はやさしく言った。

ひどい印刷の紙面を手に取り、彼女が指さした段落に目を落とした。「故ミセス・ベアトリス・デイリーの葬儀…」とある。読んでいて新聞が手から滑り落ちた。こみ上げてくる悲しみに身を任せるばかりだった。深い喪失感と悔恨がない交ぜになった。老いてからというもの、かわいそうにも母は私に頼りきっていた。母に対して自分の務めを怠ったのではないか。日本と戦争になったと知ったその日、どう言って母を安心させたかついこの間のことのように覚えている。「変わらずお世話しますからね」そう言ったのだ。その約束を私はどう守ったのだろう？　そう思うとそれは、ケンペータイの手にあって耐え忍んだ体のどんな痛みよりもひどい責め苦だった。数時間がたち、ようやく十分に落ち着きを取り戻して母の魂に祈り、許しを求めた。

母の死後、過去のことを思い出すことはなく、夏の日のように比較的軽やかな心持ちでいられた。日本軍が敗北に直面していることは益々明らかになっていて、恐怖と不安の暗雲が刑務所をおおっているかのようだった。

スティーヴンス女性看守長が辞職し、一番の友だった女性看守も辞職していった。女性囚人は全員、ビルマで戦っているニッポン兵のために編み物と裁縫（靴下とゲートルの製作）をすることになるとの指示が出された。これを私は拒絶した。朝が来る度に、材料が私の前に置かれた。新任の女性看守長は、少なくとも仕事をしている振りをするようにと私を何とか説得しようとした。私は断固拒否した。たとえ見せかけであっても、敵のために働くことは良心が許さない、と。作業拒否については上司に報告せざるをえないと女性看守長から警告されたが、自らの行動の責任を取る覚悟はできていると言って譲らなかった。私の頑固さはすぐに結果となって表れた。

ある朝、ブーツの重々しい音が外に響き、軍服の日本人が監房に入ってきた。検察官のスギモトだということがすぐに分かった。裁判以来だ。スギモトは私の前で仁王立ちになり、私が割り当てられた毛糸と布地を見下ろした。

「これが、お前の命を救ったニッポン政府への感謝の意を表す態度か」

私は返答しなかった。次の瞬間、彼はうなるように何か言い、足を踏み鳴らして監房を出ていった。

二、三時間して担架が運びこまれたが、驚きはしなかった。男性看守が護衛につき、男性囚人二人が私を監房から男性棟へ運んだ。着ていたワンピース以外は何も持たずに独房に押しこまれた。背後で、ドアに閂がかけられた。

独房にはベッド代わりの厚板が二枚、錆びたブリキのマグカップ、そして真ん中に穴の空いた、ご飯を盛るブリキのお椀があった。ランプはなかった。外の暗い廊下からドアの金属格子を通して入ってくる光だけが明かりだった。独房は不潔で、コンクリートの床はじめじめしていて悪臭がした。厚板のベッドは害虫が巣食っていた。食事はひどいもの（ナカムラ刑務所長の指示による）だった。朝食には水っぽいお粥が少々。昼はさつまいもがわずか数切れ出たが、たいていは腐っていた。夕方には、茹でた野菜の茎が少しとひと掴みのご飯だった。水は一日にマグカップ一杯。塩はなかった。

独房を出ることは許されなかった。水浴はもちろん、洗濯も問題外。ブリキのおまるが一つ、トイレとして置かれていた。夜になると、ムカデやサソリが壁の割れ目やベッドの厚板の下から這い出してきた。ほとんど目にしたことのない生き物だ。そのため、体を這い回られたときには身がすくみ、恐ろしさから悲鳴を上げた。やがて分かったことは、これらの生き物は私に何の害も及ばさないどころか、反対に味方だということだった。私を悩ます害虫を捕食し、その数を減らしてくれたからだ。

ムカデとサソリだけが味方だったわけではない。蜘蛛が巣を張り、苛立たしい羽音で眠りの邪魔をする蚊を捕まえてくれた。壁に張りついて心和ませてくれるヤモリは、蚊や蝿を食べてくれた。看守の友人が金属格子の小さな目を通して食べ物を少しばかり押しこんでくれたときには、蟻が出てきてこぼれ落ちた食べ物カスを残らず片付けてくれた。刑務所長が朝の巡回にやってきたときには、内緒の差し入れの証拠となるものはなかった。

お椀の底に空いた穴は直径二センチ以上あったが、別のお椀と替えてもらえなかった。お椀にご飯をよそう前に、台所の係は穴に葉っぱを一枚敷いてはいた。汚らしい葉っぱのときもあった。食べているときや、お椀が届く前にご飯がこぼれ落ちるということがよくあって、量が少し減ってしまった。ひもじさから、独房の不潔な床にこぼれ落ちたご飯粒をつまみ上げて食べるしかなかった。ついには、おまるのふたをお椀代わりに使うことにした。飲み水を残しておいて独房の隅の砂と混ぜ、ふたを十分にこすって磨いた。ふたはすばらしいお皿になり、独房から出されるまで私を支えてくれた。

民事事件の囚人は雇用され、監房の外でベランダや下水溝の掃除をしていた。その多くはたいていへビースモーカーだったが、タバコがなくて何か代わりになるものがほしくてならなかった。私はサツマイモの皮を残しておくようにし、それを彼らは乾かしてバナナの葉でくるんで吸った。ひどい臭いだったが、喫煙を楽しんでいるようだった。彼らはそのお返しにと、食用の葉っぱや根っ子を集めて洗い、格子から押しこんでくれた。こうした野菜にひと摘みの塩か胡椒の実を二つ、三つ加えると、それまで味わったことがないような最高のサラダになった。

三週間が過ぎ、全身がかゆくてあちこち痛くなった。害虫に咬まれたり、水浴できなかったりしたせいだ。両足が再びむくみ出し、髪はもつれてだまになった。毎朝、日本人刑務所長が私の独房を覗きにきて、悪化した私の状態を見てにたにたと笑った

「自業自得だな」彼は言った。

ある日の朝偶然、チェルヴァム医師が刑務所へ巡回診察に来たところを独房のドアの格子を通して目にした。私は呼びかけ、ドア近くに移動した。独房の薄暗さに目が慣れて私の状態を見て取ると、医師の表情は恐怖と驚きに変わった。

「お早うございます、ドクター。できれば、硫黄軟膏を少しご都合いただけないでしょうか。それと、水浴の許可を得ていただきたいのですが」

「やってみます、ミセスK。刑務所長はあなたに非常に厳しい命令を出していますが、手を尽くしてみます」

チェルヴァム医師は約束を果たしてくれた。私はバケツ一杯の水と小さな石けんを受け取った。そしてチェルヴァム医師の助手が、ほしかった軟膏と塩五〇グラムばかりを持ってきてくれた。塩については刑務所長に見つからないようにと言われた。

最初、刑務所長からの命令ということで男性看守は恐れ、私とは一切関わろうとはしなかった。しかし次第に自信を持つようになり、やがて友人になった。女性棟の女性看守は独房の前で私と話すことが許され、食べ物の残りや外からの伝

言も届けてくれた。

間もなくして、ちょっとしたご馳走――塩や生姜、チリ、胡椒、そして格子の目を通るように細く切られたキュウリなど――を備蓄するようになった。これら備蓄食料はハンカチに包んでワンピースの下、細長い布切れで太ももに結きつけた。ジャップの目から隠すためだ。水浴の水は今や、毎日運ばれてくるようになっていた。ある日、水が運ばれてくると、小さく割れた櫛が投げこまれていた。一週間かけ、髪の毛のもつれやからみをすべて梳(くしけず)った。夜になるとインド人の男性看守が、自分たちの主食である小麦の薄焼きパンのかけらを格子からねじこんでくれたりした――ただし、これは小麦ではなく、タピオカとトウモロコシの粉でできていた。

このようにして、肉体的なつらさには耐えることができたが、最も耐えがたかったのは孤独だ。自分自身の声を聞くことさえ救いだった。そこで、自分に話しかけ、祈り、声に出して歌った。十字架の道行き（イエス・キリストの捕縛から受難を経て復活までの一五の場面を、個々の場所や出来事を心に留めて捧げる祈り）や祈りの定型句はそらで覚えていたし、ロザリオの祈り（バラ〈ローズ〉の花輪を編むように、十字架の付いた数珠をひとつずつ指先でくりながら唱える祈り）は十指を使って唱えた。祈りは大きな安らぎであり、力の源だった。逮捕されてからのことすべてを心の中で毎日反すうし、取るに足らない細部に至るまで必死になって思い出した。気が狂ってしまうのではないかと思うこともあった。

しかし、この精神面での訓練は、いざ自分の体験についてこうして執筆するとなったときに大変価値のあるものとなった。刑務所では紙を持つことが許されず、日記の類(たぐ)いは一切綴ることができなかったからだ。

第二〇章

慈悲の心のかけらもない

五月のある日、格子を通して新聞の切れ端とタピオカが少し押しこまれた。光にかざして記事を読んでみると、「ドイツでの戦争、終結す」。

少しの間、その先は読もうとしなかった。体中、猛烈に喜びがこみ上げてきて、その感情を表に出さずにいられなかった。両手で厚板二枚を叩きながら、声も限りに歌い、叫んだ。ついには当直の副看守がドアの前にやってきて、頭は大丈夫かと聞かれた。

「まったくの正気よ。ドイツが敗れた今、イギリスが戻ってくるのはもう直よ。そしたらあのチビ助ども、楽しい時を過ごすことになるわ」

「そんなに音を立てないで下さい、ミッスィー。事務室に聞こえてしまいます。生きてここを出なくてはならないんですよ」

翌朝、刑務所スタッフが日の丸の旗に敬礼するいつもの強制的な儀式に集まったとき、彼らの歌う『君が代』に私も参加した——ただし、私が歌ったのはイギリス国歌『神よ、国王を護り賜え』だ。

その後間もなくして、それまでもどうかすると刑務所に来ていた日本兵がヘルメットに網を被(かぶ)せ、そこに緑の葉がついた小枝を刺してカモフラージュしているのに気づいた。この事から、マラヤが再び前線になったことが推察された。ビルマ作戦は終わったのだろうか。確かな情報は何一つなかった。同時に、空の動きが一段と慌(あわ)ただしくなった。ある日、上空で飛行機の音がして、看守全員が外に飛び出した。

「ビラを撒いてるぞ」一人が大声で言った。

「お願い。一枚、持ってきて」私は叫んだ。

夕方になって、女性棟の女性看守タイニーが会いに来てくれた。ニュースはと聞くまでもなく、彼女はワンピースの裾の折り返しからビラを一枚引っ張り出した。

「持ってきたわよ、これ」

「お願い。読んでもらえる、タイニー？　この中、暗過ぎるの」

「分かったわ。何て書いてあるかって言うと、『気を強く持て、マラヤ。再会は近い。インド派遣イギリス軍当局より』だって」

「日付はいつ？」

「六月八日よ」

「そのビラ、ちょっとこっちに回してもらえる？　手にしないではいられないの――これほどの希望のメッセージを伝えてくれたパイロットに神のご加護がありますように。ようやくイギリスが戻ってくるんだ」ビラを返し、やさしい友人にお礼を言った。

　続く数週間、不安で苦しかった。新しいニュースは何もなく、噂だけだった。ジャップは自分たちが自決する前に受刑者全員を大量虐殺するつもりではないか、と憶測が飛んだ。そして八月の第一週、ゲリラが丘を下り、外に出てジャップと戦っていると伝え聞いた。どうなるかは分からなかったが、終わりは近いと感じた。

　八月一四日は、断食と懺悔の日である聖母被昇天（聖母マリアが霊魂も肉体もともに天に上げられたという教義）の前日だった。水浴の水を持ってきてくれる囚人に朝食のお粥と昼食のサツマイモを譲り、夕食のご飯だけを食べた。一五日、聖母被昇天の戒律をできるだけ守って祈りを捧げる中、万事上手くいくだろうという確信が持てたように思えた。翌朝――一六日――、刑務所長が来て、米の貯蔵に独房が必要なので私は出ることになる、と告げられた。そのため、私は担架で女性棟へ運ばれ、かつての監房に再び戻された。他の囚人と話を交わすことは禁じられた。

　仲の良い仲間と清潔な環境に戻り、再びわが家に帰ったような気がした。歓迎すべき変化ではあったが、何がどうなっているのか分からないという不安と緊張があって、素直には喜べなかった。二、三日が過ぎ、再び町の上空を低く旋回する飛行機の音が聞こえた。今度は飛行機を見ることができた――イギリス王立空軍を表す円いマークが分かるほどの低空飛行だった。飛行機は旋回し、横腹のドアから大量のビラが舞い降りてきた。実際、刑務所の庭に何枚か落ち、その一枚を見ることができた。

「一九四五年八月一五日、日本軍降伏。イギリス軍当局到着までの間、マラヤ人民抗日軍が治安確保の任を担うものとする」とあった。

私はビラを掲げて打ち振り、歌い、歓声を上げ、女性看守や囚人仲間と手を握り合い、疲れ果てるまで皆で祝った。夕方、アンジェラスの晩鐘（お告げの祈りのときを知らせる鐘）が鳴り渡る中、長かった闘いがようやく終わりを迎えたこと、そして神がお示しになった慈悲に感謝の祈りを捧げた。私はまた、私の解放を真の解放たらしめるためにも歩く力を回復させてほしい、ついてはささやかな聖地巡礼を誓う、とルルドの聖母（南フランスのルルドで「一八五八年二月一一日、ベルナデッタ・スビルー〈一八四四～一八七九〉という一四歳の貧しく無学に近い少女に、聖母マリアが現われたことに始まる。シビルは戦後、イギリスでの手厚い治療のお陰でいったんは体調が回復し、両手の杖を頼りにルルドへの聖地巡礼を果たしている）にも祈りを捧げた。

数日間、それ以上の事は何も起こらなかった。イギリスの飛行機が上空を飛ぶのを度々目にするようにはなったが、地上では、少なくとも刑務所ではジャップが主導権を握っていた。九月六日になって、ようやく日本人刑務所長が私の監房にやってきた。チェルヴァム医師ともう一人の医師、そして看護師を引き連れ、相変わらず傲慢（ごうまん）、かつ尊大な態度だった。医師二人は私の両足を診察。その後、担架に乗せられて刑務所の事務室に運ばれた。

「お前は実にひどい女だ」刑務所長が言った。「しかしながら情け深いニッポン政府はお前の体調を不憫（ふびん）に思い、治療のために病院へ送ることにした。病院で回復し、きちんと振る舞えるようであれば、釈放も検討されよう。病院には私の車で行くように」

このいかにも寛容ぶった言いぐさを聞いて、もう少しで声を立てて笑い出すところだった。ワンピースに隠したビラを鼻先に突きつけ、これ見よがしに打ち振ってやりたかった。まさか私がビラを見ているなどとは、思いもしなかったのだろう。しかし日本人は気分次第で突然激高し、説明のつかないところがある。今回だけはおとなしくしていた方が賢明だろうと考えた。取り上げられていた毛布とワンピース一着、私物の入った包みが返却された。刑務所長自身の車が事務室の外で待っていた。抱えて乗せてもらった。刑務所の巨大な門が開き、車が動き出した。次の瞬間、私は外にいた――再び自由の身となった。

病院に着き、囚人であるという私のレッテルはすべて剥がれ落ちた。チェルヴァム医師は歓迎してくれ、暖かく、そして力強く私の手を握った。

「お願いをしてもよろしいでしょうか、ドクター」私は聞いた。

「もちろんですとも」

「子どもたちに言づてを送り、私がここにいることと、できるだけ早く会いたいと思っていることをお伝え願いたいのです」

「承知しました、ミセスK。すぐに手配します」

続けて水浴をお願いした。すぐにでも教会へ行きたかったからだ。やさしい看護師さんの手を借りて湯浴(ゆあ)みを済ませ、替えのワンピースに着替えた。傷(いた)んではいたけれど、少なくとも清潔だった。そして裂いた布で髪をおおい、椅子に座ったままで付き添い二人に教会へ運んでもらった。教会の扉のところで椅子から降ろしてくれるようお願いし、残りは一人で進んだ。体は痛んだが、身廊(しんろう)を両手両足で這って祭壇へと進んだ。私はひれ伏し、感謝とささやかな祈りを捧げた。そしてついに、コデロ神父が私を見つけてくださった。

入浴後の爽快さ以上に、魂が洗われたような心持ちで病院に戻り、柔らかな綿(わた)のマットレスという贅沢に身を沈めた。間もなくして引きも切らないお見舞いを受けた。長かった苦難を生き抜いたことを祝ってくれ、少しでも早い回復をと願ってくれた。その中に若い中国人がいた。ダークグリーンの軍服、ハイ・ブーツ、そして三つの赤い星（三つの星は、マラヤの多数派民族であるマレー人・インド人・中国人を象徴している）がついた帽子という出で立ちだった。自己紹介されて初めて、パパンのゲリラ司令部の一人だということが分かった。彼の部隊が何かできることはないかと、やってきていたのだ。家まで乗せてくれる車を都合してほしいと伝えた。

「承知しました、ミセスK」そう言って、彼は急いで立ち去った。私は娘たちの到着を今か今かと待っていた。車を手配するのはひどくむずかしく、バスも汽車も止まっていた。そのため、ドーンが会いに来たのは翌朝になってからだった。私は体が動かなくて、満足に娘を抱くこともキスすることもできなかった。その様子を見て、居合わせた人たちは涙ぐんでいた。

「オルガはどこなの？」最後に私は聞いた。

「父さんが帰ってくるかも知れないからって、家にいるの。家で待っている人が誰もいなくてがっかりしないように」

翌朝、ゲリラ――今ではもはや非合法の「丘の人々」ではなく、イギリス軍の飛行機からの支給で身なりが整い、十分に武装したマラヤ人民抗日軍だ――が手配した車が到着した。家路は、さながら勝利の行進だった。プーシンでは、MPAJA（マラヤ人民抗日軍）の代表団から歓迎を受けた。そしてそこからは回り道をしてパパンに寄った。ここでは町を挙げて歓迎してくれた。私の反対を押し切って、募金が行なわれた。私がすべて失ったことを誰もが知っていたのだ。

募金は、日本の通貨で総額七、六〇〇ドルになった。この厚情には計り知れないほど胸を打たれた。寄付をしてくれた人たちの多くが貧困層の中でも極貧の人たちだったからだ。ようやくにしてパパンを辞し、イポーへ車を進めた。

わが家に着くと、オルガが待っていた。互いにキスして抱き合うと、ドクターとウィリアムの釈放の知らせがまだないと言う。この二、三日の出来事で疲れきってはいたが、訪問客が次々とやってきて釈放を祝ってくれた。その中にはパパン・ゲリラ指揮官のチェン・イェン――ダークグリーンの軍服を着ていて赤い星のついた帽子を被り、今ではとてもさっそうとしていた――、そして一三六部隊（日本軍の背後、ペラ州のジャングルを拠点にして諜報活動を行なったイギリスの特殊部隊。憲兵隊に捕らえられ、拷問の末にバトゥ・ガジャ刑務所で獄死した部隊員のリム・ボーセンはシンガポールの抗日英雄）のイギリス人将校二人がいた。ずい分長いことイギリス人の顔を見ていなかったので、とても涙を抑えられなかった。チェン・イェンの話では、ゲリラのペラ連隊指揮官イトゥー大佐が、仕事が片付き次第すぐに会いに駆けつけるということだった。軍事情報担当のイギリス人将校は私の経験のあらましを書き留め、何かできることはあるかと尋ねた。

「二つあります」将校に言った。「まず、夫と息子が一刻も早くタイピン刑務所から釈放されるよう取り計らっていただけますでしょうか。ジャップは信用できません。特に、敗北を知った今は」

「すぐに手配します。二つ目は何でしょう?」

「私はもう一度歩きたい。利用できる最高の医療を受けたいのです。今、お金はまったくありません。でもいずれ、必要に十分足りるだけの額を用意します」

「最高の治療をお受けいただきます。費用は全額が政府負担となります。あなたの傷害を戦闘での負傷とまったく同じものとして、イギリス軍当局が治療に当たることをお伝えする権限を我々は与えられています」

この二点について彼らは約束を果たしてくれたが、私がどのようにして再び歩けるようになったかについてはここでのテーマではない。

翌日の晩、長椅子で休んでいた。お見舞いに来てくれた人たちに一日中応対した後だった。すると外で、「こんにちは、ドクター！　釈放されたんですか」と声がした。直後、子どもたちを呼ぶ間もなく、夫とウィリアムが部屋に入ってきた。再び一つの家族として皆がいっしょになった、その様子については記すまでもないだろう。再会できた最初の感激がいったん収まると、私たちは皆でひざまずいて全能の神に感謝の祈りを捧げ、十字を切った。神が私たちを守り、再び無事結びつけてくれたのだ。

訳者あとがき

「兄ちゃん、英語の教員だったら、少しは外国のこと知っといたら？　初級コースってことで、往復航空券と一泊目の宿を手配しといたからね」妹から尻を叩かれて送り出された先はシンガポールでした。妹は海外旅行の強者（つわもの）で、インドとネパールに一〇日間ほど一人で出かけたり、西ドイツとオーストリアを訪れた後、当時はまだ日本人旅行者には馴染みの薄かったチェコスロバキアやポーランド、ソビエト、西ベルリンなどを二〇日間余りかけて回ってきて平然としていました。

こうして、特別な関心もなく出かけていったシンガポールとマレーシアでしたが、一週間ほどの旅で思わぬ経験をすることになります。

一九八三年夏、シンガポールで投宿したＹＷＣＡホテルの食堂で年配の中国系ウエイターにえらくからまれ、負けじと言い返したことがありました。彼は私が日本人であることを知ると、シンガポール占領直後の旧日本軍による中国人虐殺についてしきりに話しかけてきました。「ええ、日本でも新聞で報道されていて知っています」と答えましたが、どこか収まらない様子。やがて食事中の私の真向かいに陣取り、同じ話を延々とくり返す始末で一向に終わる気配がありません。こちらもいよいよ腹が立ってきて、"It's not I that killed your people."（私が殺したわけじゃないでしょ？）と声を荒げました。このセリフ、火に油でしたね。コックさんや他のウエイターも間に入ってくれて、ようやく落着しました。親族が日本兵に殺されたのだそうです。

シンガポールでの一件から数日後、マレーシア・マラッカ州のタンピン駅で「君が代」を口ずさみながら親しげに近づいてきたマレー系のおじいさんと列車を待ちながら立ち話になりました。おじいさんは若い頃、日本軍のお陰でシン

ガポールに派遣され、電気の勉強をすることができたのだそうです。"I heard Japanese soldiers killed a lot of people here."（マレーシアでは日本軍にたくさん殺されているんですよね）と水を向けると、「ニッポングン、ＯＫ！」とそこだけ日本語で感謝され、面映ゆくてなりませんでした。

帰国後に知ったことですが、日本軍は中国人をひどく弾圧しながらもマレー人は比較的厚遇する「マレー人優遇措置」という民族分断政策を採り、民族間の敵愾心を利用して軍政の安定を図ろうとしたんですね。

ＹＷＣＡホテルとタンピン駅での出会いが心に掛かったまま、「東南アジアに戦争の傷跡を訪ねる旅」に行き当ったのは一九九四年の夏でした。このツアーでは高嶋伸欣先生（琉球大学名誉教授）の案内でシンガポールとマレーシアの方々を巡り、「華僑男女老幼殉難」「日治蒙難華族」「被難同胞」「華人日治蒙冤」「男女僑胞惨死」「華僑殉難参佰六十八位」「在日敵下殉難同胞」などと刻まれた碑の存在を知りました。これら日本軍による犠牲者を悼む碑は、マレーシア全土で七〇ヵ所を超える（二〇一九年八月現在）といいます。

そして二〇一四年夏、久し振りに参加した同ツアーで知ったのが*No Dram of Mercy*でした。一読し、これは日本で読まれて良いと思いました。

この*No Dram of Mercy*は現在、著者のシビル・カティガス（一八九九～一九四八）の手だけによるものではないことが、シビルの上の娘オルガ（一九二一～二〇一四）の証言で明らかになっています。

母は病状がひどく悪化する中、執筆していました。執筆が終盤に近づくにつれ、もはや書き続けることはできなくなりました。最後の五〇頁については詳細を口述するしかありませんでした。（*Faces of Courage* 所収、*The forgotten Kathigasu-amazing Olga*）

つまりこの作品は、シビルの遺言となった口述筆記を頼りにゴーストライターが加筆したものなのです。

こうした成り立ちが作品の傷であることは否定できません。しかし本書に関する限りこの傷は、一人の女性からペンを握るだけの力さへも奪い取った苛酷な支配による爪痕でもあることは記憶されて然るべきでしょう。執筆半ばで息絶えたシビルの無念が思われてなりません。

吉村役雄憲兵軍曹による拷問で砕かれた顎（あご）に起因する敗血症によって死に至る数ヵ月前、シビルはバッキンガム宮殿でジョージ・メダル勲章を授与されています。日本占領下マラヤでの勇敢な行為を讃（たた）えるものでした。彼女は死後、イポーの聖マイケル教会の墓地に母と並んで埋葬され、「シビル・カティガス通り」の名をイポー市に残しています。そして今日（こんにち）、シビルの抗日とその著書は、マレーシアの華人系中学校歴史教科書『初中活用 歴史 第三冊』（中学校3年生が対象）に採り上げられています。

二〇一九年八月、イポー市を訪れ、ペラ州古跡学会（ヘリテッジソサイエティ）会長の劉錫康（ラーシアックホン）（Law Siak Hong）さんにお会いしました。序文をお寄せいただいた方です。劉さんにはパパンの旧診療所記念館および、シビルが眠る聖マイケル教会墓地を案内していただきました。また、劉さんご自身が親交のあったシビルの長女オルガさんについて詳しく伺うことができ、加えてホー・ティエンフック（シビルがつけたニックネームはモル）さんの著書 *Tainted Glory*（『傷ついた栄光』）も頂戴しました。娘の目から見た母シビル、そして元ゲリラのホーさんが綴った抗日の実際を知ることで、より確度の高い作品理解ができたのではないかと思います。感謝に耐えません。

訳出にあたり、三重県四日市市の岡邦雄さんおよび、イギリスのハンプシャー・ベイズィングストーク出身の Daniel Stevens さんに英文の解釈についてご助言を仰ぎました。心より御礼申し上げます。

【参考書籍】

Norma Miraflor & Ian Ward *Faces of Courage Media Masters* 2006

United School Committees' Association of Malaysia 『初中活用 歴史 第三冊』 Curriculum Department of Malaysian Independent Chinese Secondary Schools Working Committee 2018

Ho Thean Fook *Tainted Glory University of Malaya Press* 2000

The National Archives UK. *Defendant: Yoshimura Ekio. Place of Trial: Ipoh.*

訳者紹介

泉　康夫（いずみ　やすお）

１９５３年生まれ
武蔵大学人文学部卒
著書に『タフな教室のタフな練習活動 ―英語授業が思考のふり巾を広げるには ―』（三元社）,『世界の現場を見てやろう ―映像と長文で広げる英語授業のふり巾 ―』（三元社）
訳書に『橋の下のゴールド スラムに生きるということ』（高文研）,『ジョーイ あるイギリス人脳性麻痺者の記憶』（高文研）

慈悲の心のかけらもない
あるユーラシア人女性の抗日

発行日　２０２０年9月１５日　初版第１刷発行
著者　シビル・カティガス著
訳者　泉　康夫
編集制作　ｗｉｓｄｏｍ萱森　優
発行者　株式会社 高文研
〒 101-0064 千代田区神田猿楽町 2-1-8
電話／ 03-3295-3415　ファックス／ 03-3295-3417
http://www.koubunken.co.jp/
印刷＋製本　中央精版印刷株式会社

ISBN978-4-87498-736-0　C0022 printed in Japan

泉康夫の翻訳本

橋の下のゴールド

—スラムに生きるということ—

マリリン グティエレス 著
泉 康夫 訳

フィリピンの貧困と格差問題は、深刻を極めています。臓器移植は近親者間のみ合法となって以降、闇ビジネスが横行しており、その犠牲者の多くがスラムで暮らす子どもです。

本書は、スラムに日々足を運び、路上図書館を開き、読み書きを教え、生きる尊厳を人々に伝え続けた一人の女性の心揺さぶられる記録です。

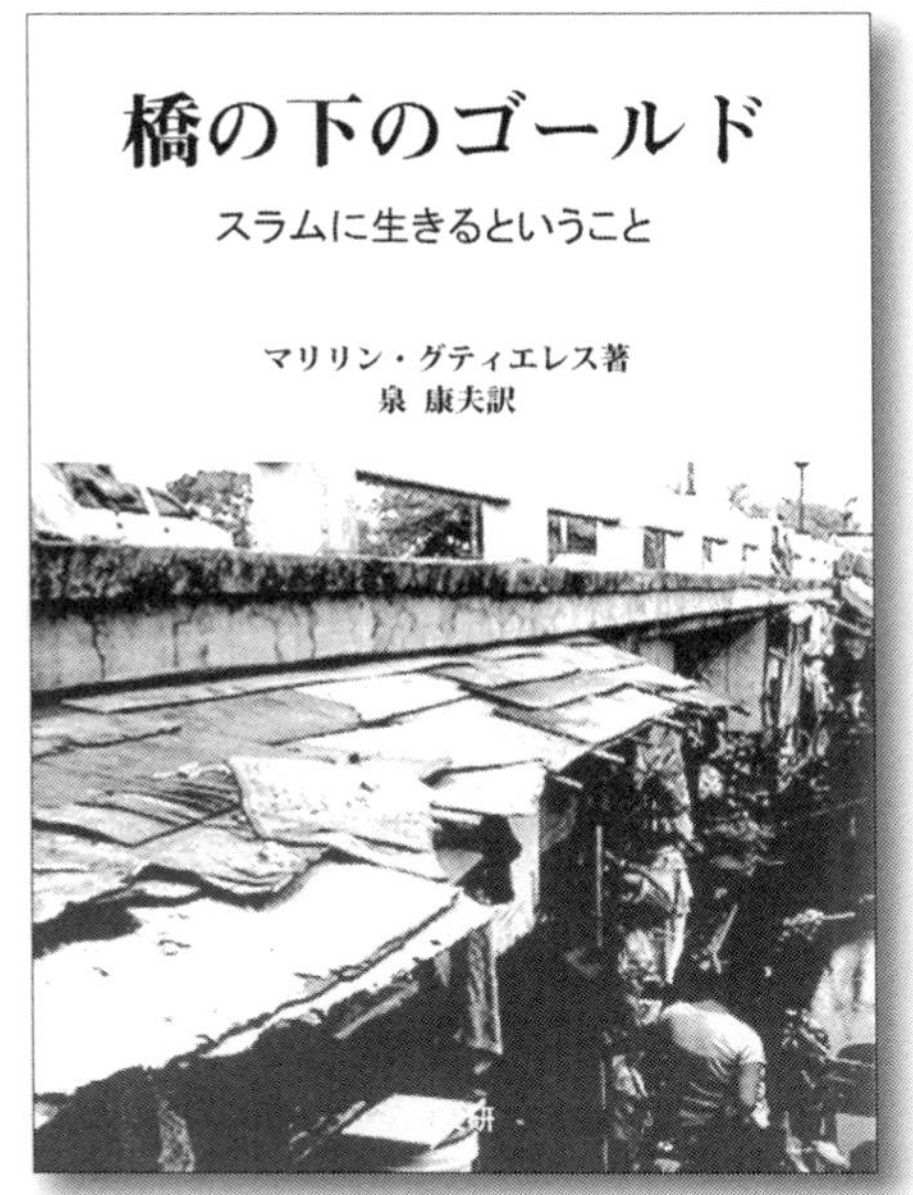

B6判・160頁　本体1,400円＋税
ISBN 978-4-87498-674-5

泉康夫の翻訳本

ジョーイ
―あるイギリス人脳性麻痺者の記憶―

ジョーイ ディーコン 著
泉 康夫 訳

著者であるジョーイは1920年にイギリスで生まれました。重度の脳性麻痺で四肢を動かすことが出来ず、その言葉もほとんどの人が理解出来ない障害を持ちながら、一冊の自伝出版を成し遂げました。その様子は英BBCでも放送され、大きな反響を呼んだといわれます。

「生産性」で人間の価値が判断されない社会を願い、ジョーイの「生きた証」を翻訳しました。

B6判・192頁　本体1,600円＋税

ISBN 978-4-87498-709-4